Nils Osterhoff

Compliance Handbuch

Aufbau eines Compliance Management Systems im Mittelstand

AF191092

Nils Osterhoff

HANDBUCH COMPLIANCE
AUFBAU EINES COMPLIANCE MANAGEMENT SYSTEMS IM MITTELSTAND

Bibliografische Information der Deutschen Nationalbibliothek: Die Deutsche Nationalbibliothek verzeichnet diese Publikation in der Deutschen Nationalbibliografie; detaillierte bibliografische Daten sind im Internet über http://dnb.dnb.de abrufbar.

Verlag: BoD · Books on Demand GmbH, Überseering 33, 22297 Hamburg, bod@bod.de

Druck: Libri Plureos GmbH, Friedensallee 273, 22763 Hamburg

ISBN: 978-3-7693-5721-9

Inhaltsverzeichnis

Was ist Compliance

Sie würden wohl kaum diese Lektüre in der Hand halten oder es auf Ihrem Bildschirm anschauen, wenn sie nicht zumindest schon mal von dem Begriff Compliance gehört hätten. Viel wahrscheinlicher ist es, dass Sie sich beruflich schon mit dem Thema auseinandergesetzt haben oder Ihnen nun diese ehrenvolle Aufgabe zugeteilt wurde.

Daher will ich gar nicht zu sehr in die Vergangenheit und die Historie blicken, woher Compliance kommt und noch weniger die rechtlichen Grundlagen erörtern. Hierzu gibt es schon genügend Literatur oder Vorträge, die sich mit medizinischen Therapien oder dem Aktiengesetz beschäftigen.

Sowieso soll dieses Buch eher eine Hilfestellung und Anleitung für den Aufbau eines pragmatischen Compliance Management Systems (CMS) sein, wie es aus meiner persönlichen Sicht und meiner Erfahrung sinnvoll ist. Quasi Handwerkszeug für jedermann. Der Standard-Werkzeugkasten für die haushaltsüblichen Reparaturen. Spezialwerkzeug kann man sich immer noch zulegen, aber für den Anfang reichen meist schon Schraubendreher, Hammer und Zange. So wie ein CMS in Deutschland universell mit dem Prüfungsstandard 980 des IDW geprüft wird, sollte es meiner Meinung nach auch ein universelles CMS geben, welches branchen- und größenunabhängig funktioniert. Auf dieser Grundlage kann man dann adaptieren, anpassen und nach und nach verfeinern. Und auch, wenn sie schon mehrere Jahre Erfahrung in einer Compliance Abteilung haben, bietet dieses Buch vielleicht noch mal neue Sichtweisen oder auch nur den immer wieder notwendigen Schritt zurück, raus aus den Details, um noch mal das große Ganze zu überblicken.

Was Compliance für mich bedeutet

Compliance-Regeln sind im Grunde Spielregeln und ein Compliance Management System ist dafür da, die Spielregeln einzuhalten.

Nehmen wir als Referenz den Kartenspiel-Klassiker UNO. Ein weltweit bekanntes Spiel, bei dem jeder schnell einsteigen und mitspielen kann. Die Regeln sind schnell verstanden und kaum gelesen oder erklärt, sind die ersten Partien gespielt. Im Spiel selbst stößt man aber immer wieder auf Situationen, wo die Spielregeln nicht ganz klar sind: Darf man Joker auf Joker legen? Kann man das eigene Aussetzen einer Runde durch eine ebenfalls gespielte „Aussetzen Karte" unterbrechen oder weiterleiten? Hier entstehen häufig Diskussionen aus den unterschiedlichen Erfahrungen oder Interpretationen der Spielregeln, bis man sich dann auf eine Regel einigt und weiterspielen kann – oder im schlimmsten Fall jemand seine Karten auf den Tisch wirft und aus dem Spiel aussteigt. Und selbst gelebte und vermeintlich richtige Regeln, können sich als falsch herausstellen – oder wussten Sie, dass man die „Zieh 4 Farbenwahlkarte" nur ausspielen darf, „wenn der Spieler der sie hat, keine Karte in der Hand hält, die der Farbe auf dem Ablagestapel entspricht." (UNO Spielregeln, 2022) Zumindest in meiner UNO-Bubble war diese Grundregel bislang nicht bekannt, obwohl sie ganz klar in den Spielregeln beschrieben steht. Aber wer liest schon die UNO-Spielregeln?!? So spielen weltweit Menschen diesen Klassiker von 1971, aber fast immer mit leicht angepassten Regeln, auf die man sich entweder im Vorfeld oder während des Spiels einigt.

Was hat UNO jetzt noch mal mit Compliance zu tun?

Stellen Sie sich vor, die UNO-Spielregeln sind Gesetze, Verordnungen, aufsichtsbehördliche Anforderungen oder sonstige externe Vorgaben oder Standards, die von Ihrem Unternehmen eingehalten werden müssen. Und ein Verstoß gegen diese Spielregeln bedeutet im Zweifel eine Diskussion mit einer zuständigen Behörde, mit der man sich dann auf den weiteren Spielverlauf einigen muss. Spätestens, wenn man vor dem Ablegen der letzten Karte vergessen hat „UNO" zu rufen und man anstelle einer Strafkarte ein sattes Bußgeld erhält oder im schlimmsten Fall ein strafrechtliches Verfahren eingeleitet wird, macht sich auch der risikofreudige Geschäftsführer Gedanken darüber, wie man möglichst alle Spielregeln einhalten kann – oder zumindest andere Auslegungen der Spielregeln nicht zu einem Spielabbruch oder gar dem Ausschluss aus dem Spiel führen.

Ein Compliance Management System soll dafür sorgen, dass allen Mitspielern die Regeln bekannt sind und dass diese auch von allen gleich verstanden werden. Es müssen mögliche Spielsituationen vorausgedacht und ein Umgang mit diesen Situationen erarbeitet werden. Die Einhaltung der Spielregeln sollten von einem Spielleiter überwacht werden und dieser sollte auch als Ansprechpartner für auftretende Fragen der Mitspieler bekannt sein. Es ist demnach hilfreich, wenn der Spielleiter selbst einige Erfahrung im UNO spielen hat und die Regeln den Mitspielern einfach und verständlich erklären kann. Schlussendlich muss der Spielleiter aber auch einen reibungslosen Spielfluss sicherstellen, sonst verlieren die Mitspieler irgendwann den Spaß am Spiel und die Runden dauern viel zu lange.

All das – und noch ein bisschen mehr – sollte ein gutes CMS können. Und wie man das nun tatsächlich in einem Unternehmen umsetzt, versuche ich nun Schritt für Schritt in diesem Buch vorzustellen. Denn es sollte klar sein, dass ein Unternehmen etwas komplexer als eine Partie UNO ist.

Warum will ich ein CMS haben und was soll es leisten?

Die Frage nach dem Ziel und dem Nutzen des CMS in Ihrem Unternehmen ist essentiell für den Aufbau. Darum sollte man sich gut überlegen, was momentan Priorität hat. Denn wenn Compliance die Einhaltung aller Spielregeln ist, dann gelangt man ganz schnell an den Punkt, wo Compliance plötzlich überall ist. Von der Einhaltung von branchenspezifischen Regelungen, über diskriminierungsfreie Stellenausschreibungen, korrekten Werbeaussagen, der richtigen Steuererklärung und hin zu der Frage, ob niemand auf dem Parkplatz vom Chef parkt.

Gibt es einen konkreten Anlass, warum jetzt ein CMS eingeführt werden soll? Ein neues Gesetz, welches Auswirkungen auf das Unternehmen hat? Ein Vorfall, der ein prozessuales Problem aufgezeigt hat? Ein existenzbedrohendes oder zumindest schmerzhaftes Risiko, wenn eine bestimmte Spielregel nicht eingehalten wird? Soll ein Kulturwandel stattfinden, durch neue interne Vorgaben, die nachhaltig von jemandem durchgesetzt und überwacht werden?

Oder soll ganz generell die Haftung vom Chef durch ordentlich dokumentierte und nachgehaltene Prozesse reduziert werden?

Für all diese Ziele könnte man ein CMS nutzen und je nach Ziel bedarf es dafür unterschiedlicher Kompetenzen und Startpunkte. Auch für die Compliance Funktion / - Abteilung, den Compliance Manager / - Officer, ist es wichtig, ein Ziel zu haben und Prioritäten zu setzen. Ansonsten verzettelt man sich schnell in Komplexität oder bläst die Compliance-Einheit zu sehr auf und verfällt in ineffiziente Bürokratie.

Formulieren Sie ein klares Ziel oder zumindest eine konkrete Aufgabe für Ihr zukünftiges CMS.

- Das CMS soll sicherstellen, dass zu jedem Zeitpunkt gesetzliche Produktionsvorgaben eingehalten werden.

- Das CMS soll dafür sorgen, dass die Beratung der Kunden nachvollziehbar dokumentiert wird, sodass Beratungsverschulden möglichst ausgeschlossen sind.

- Die Compliance Funktion soll sicherstellen, dass Zulieferer und Dienstleister die gesetzlich vorgeschriebenen Produktions- und Qualitätsvorgaben einhalten.

Man kann den Zweck des CMS auf weiter fassen und z.B. auf die Einhaltung bestimmter Grundsätze oder Themenbereiche ausrichten. Jedoch lohnt es sich gerade zu Beginn so konkret wie möglich zu sein, um sich dann auf diesen Zweck zu fokussieren.

Je nach Aufgabe für das zukünftige CMS wird bereits absehbar, wie komplex und zeitaufwändig die Einführung vermutlich wird. Vor allem aber lässt sich erkennen, welche Kompetenz der zuständige Kollege benötigt, der dieses Projekt umsetzen soll. Denn im besten Fall finden Sie jemanden mit praktischer Erfahrung aus der Produktion oder der Kundenberatung oder Dienstleistersteuerung oder wofür auch immer das CMS eingesetzt werden soll – womit wir beim nächsten Thema angelangt sind.

Es ist also eine Hauptaufgabe oder ein zukünftiger Nutzen des CMS definiert, womit sich die nächste Frage stellt – wer kann das jetzt umsetzen? Wer soll zukünftig für die Compliance zuständig oder verantwortlich sein?

Häufig ist Compliance juristisch geprägt, sodass man meist einem internen Juristen die Aufgabe gibt, nebenbei doch auch noch Compliance zu machen. So viel wird das schon nicht sein. Eine Richtlinie schreiben und dann läuft das.

Die Erfahrung zeigt, dass es so einfach leider nicht ist und spätestens nach ein paar Monaten stellt man fest, dass entweder wesentlich mehr Kapazität benötigt wird oder alles nur oberflächlich - in der Theorie - umgesetzt wurde. Und das ist gar nicht als Seitenhieb gegenüber den juristischen Kollegen aus der Rechtsabteilung gemeint. Denn jede Compliance Funktion wird früher oder später mit juristischen Fragestellungen konfrontiert werden und dann Beratung, Unterstützung oder zumindest ein Sparring benötigen. Es geht auch weniger um die Ausbildung des Kollegen, sondern vielmehr darum, dass sich die Tätigkeit von Compliance zur Tätigkeit einer Rechtsabteilung unterscheidet.

Die Compliance Funktion soll unabhängig und frei von Einflüssen sein und eine Doppelrolle kann immer ein gewisses Potential für einen Interessenkonflikt beinhalten. Darum empfehle ich von Anfang an, jemanden ausschließlich mit der Aufgabe zu betreuen, das CMS aufzubauen und möglichst später auch umzusetzen bzw. zu leiten. Das kann ein interner Jurist sein oder eben jemand, der praktische Erfahrung in den relevanten Prozessen hat. Jemand, der sehr strukturiert arbeitet oder ein guter Projektmanager ist. Jemand – und das liest man quasi in jeder Stellenausschreibung für Compliance-Mitarbeiter – der komplexe Sachverhalte einfach und verständlich erklären kann. Das sollte eine Kernkompetenz sein. Denn Compliance-Verstöße erfolgen nur selten aus Vorsatz. Viel häufiger sind Unwissenheit, Intransparenz oder Zeitdruck die Ursache.

Rollenprofil

Fakt ist auch, dass Compliance immer Teamarbeit ist. Vermutlich kann niemand ein CMS allein aufbauen. Ein CMS hat immer Auswirkungen auf andere Unternehmensbereiche, häufig sogar auf das ganze Unternehmen und wer ist schon Experte auf allen Themengebieten? Daher sollte man nicht zu viel Zeit damit verbringen, die „eierlegende Wollmilchsau" zu finden. Folgende Kompetenzen erscheinen geeignet der zukünftige „Compliance Officer" zu werden:

- Gutes juristisches Grundverständnis oder juristisches Studium
- Gutes betriebswirtschaftliches Verständnis oder BWL Studium
- Möglichst Berufserfahrung im relevanten Bereich
- Komplexe Sachverhalte einfach und verständlich erklären können
- Durchsetzungsvermögen, ohne über Leichen zu gehen
- Auch in stressigen Situationen die Ruhe bewahren
- Integrität
- Strukturiertes Arbeiten

Compliance ist Chefsache

Nicht außer Acht lassen sollte man - und das wird im späteren Verlauf noch deutlich –, dass Compliance auch immer Chefsache ist. Hierzu möchte ich kurz auf allgemeine Sorgfaltspflichten verweisen, die ein Geschäftsführer einhalten sollte. Daher sollte sich der Geschäftsführer Zeit für den zukünftigen Compliance Officer nehmen. Compliance wird in Bereiche vordringen, die man vielleicht nicht unbedingt jedem zeigen mag. Compliance wird unangenehme Fragen stellen und den Finger auch mal in die Wunde legen, um bestehende Probleme offensichtlich zu machen. Darum ist ein vertrauensvolles Verhältnis zwischen Compliance und der Geschäftsführung sehr wichtig. Auch wird der Compliance Officer auf Widerstände stoßen oder gelebte Betriebsabläufe ändern und damit den anfänglichen Frust einiger Mitarbeiter auf sich ziehen. Denn häufig bedeutet Veränderung für viele Mitarbeiter auch den Verlust von Routine und Sicherheit. (Damit ist nicht die Sicherheit des Arbeitsplatzes gemeint, sondern eher die Sicherheit zu wissen, was mich tagtäglich bei der Arbeit erwartet.) Deshalb sollte der Compliance Officer über ein gesundes

Selbstbewusstsein und Durchsetzungsvermögen verfügen. Gleichzeitig aber auch genug Empathie und Verständnis für die Bedürfnisse und möglicherweise konträren Ziele seiner Kollegen mitbringen.

Teamplayer

Auch hier zeigt sich, dass die Auswahl und richtige Besetzung nicht leicht ist und je nach Aufgabe, Branche oder Kultur Abwägungen getroffen werden müssen. Wichtig ist, dass auch der Compliance Officer gut zum Unternehmen passt. Ein guter Compliance Officer sieht sich als Teil des Teams und wird auch von den Kollegen so wahrgenommen. Niemand will auf Dauer einen Aufpasser, Aufseher oder (schlechter Vergleich) die Polizei im Haus haben, die einem immer über die Schulter schaut. Denn auch wenn deren Präsenz dazu anregt, sich an die Spielregeln zu halten – wenn mal etwas schief läuft, zeigt man sich nicht gern selbst an und versucht die zuvor Genannten eher außen vor zu lassen. Hat man aber einen Berater, Kollegen, Trouble-Shooter an seiner Seite, bittet man viel eher um Hilfe, wenn man einen Fehler gemacht hat. Gemeinsam kann dann für Abhilfe gesorgt werden und im besten Fall können alle etwas daraus lernen und zukünftig besser machen.

Gehalt

Ein paar Gedanken zur Vergütung eines Compliance Officers: Diese sollte nicht nur von den Marktpreisen oder allgemeinen Bandbreiten abhängen, sondern auch von den spezifischen Umständen und Anforderungen des jeweiligen Unternehmens. Branchenzugehörigkeit, die Gestaltung der variablen Gehaltsbestandteile und der Compliance-Zustand des Unternehmens sollten hierbei eine Rolle spielen. Die Branchenzugehörigkeit hat zum Beispiel einen Einfluss auf die regulatorischen Anforderungen, die Risiken und die Reputation, die ein Compliance Officer zu bewältigen hat. Variable Gehaltsbestandteile sollten einen Anreiz für eine effektive Compliance schaffen, aber auch transparent und nachvollziehbar sein. Messgrößen wie Umsatzzahlen oder neue Kunden passen hier eher nicht. Insbesondere der Compliance-Zustand des Unternehmens hat einen Einfluss auf die Komplexität, die Verantwortung und ggf. die Haftung des Compliance Officers. Compliance sollte nicht als Alibi betrieben werden!

Analysieren Sie die vorliegende Gehaltsstruktur und gleichen Sie diese mit dem gewünschten Profil des Compliance Officers ab, um eine angemessene Vergütung zu ermitteln, die sowohl die Qualifikationen und Leistungen des Compliance Officers als auch die Ziele und Werte des Unternehmens widerspiegeln.

Haftung

Nur am Rande möchte ich nicht unerwähnt lassen, dass je nach Gesellschaftsform und Ausgestaltung der Compliance Funktion auch eine persönliche Haftung für den Compliance Officer erwachsen kann, welche über die übliche Arbeitnehmerhaftung hinausgeht. Insbesondere in regulierten Branchen wie Banken oder Versicherungen ist dies sehr häufig der Fall. Daher sollte die D&O (Director & Officer) -Versicherung unbedingt auch den Compliance Officer miteinschließen. Es gibt zahlreiche Aufsätze und Auslegungen zum Thema Haftung des Compliance Officers. Im Zweifel empfehle ich in Fragen der persönlichen Haftung, sich unbedingt juristisch beraten lassen.

Um ein System welcher Art auch immer aufzubauen, hilft es, die Kernelemente in einem Schaubild darzustellen. So lassen sich die wichtigen Tätigkeiten in Zusammenhang bringen und den Überblick bewahren. Insbesondere, wenn man Dritten sein System erklären möchte, ist ein Schaubild sehr hilfreich, um die Zusammenhänge zu verstehen.

Sucht man nun nach einem Zielbild / Schaubild, einer grafischen Darstellung eines CMS, findet man meist etwas auf Grundlage des Prüfungsstandards 980 des Institut der Wirtschaftsprüfer.

Beispielhaft mal diese Grafik:

(Rheinmetall, 2022)

Häufig werden diese Grundelemente dann noch durch Verbindungspfeile ergänzt, als wären die Grundelemente brav in einer im Uhrzeigersinn verlaufenden Reihenfolge angeordnet. Fraglich ist dann z.B. warum die *Compliance Risiken* keine direkte Verbindung zu der *Compliance Überwachung* haben. Aber der Prüfungsstandard will auch gar keinen Anspruch auf eine Anleitung zum Aufbau erheben oder die Zusammenhänge der Grundelemente logisch darstellen. Aus Mangel an geeigneten Vorlagen wird dieses Schaubild dann häufig aber trotzdem einfach verwendet. Manchmal sieht man auch Kombinationen mit dem Plan-Do-Check-Act-Zyklus oder etwas komplexer als Teil eines Enterprise Risk Managements Frameworks einen "COSO Würfel". Etwas seltener findet man mehr oder weniger selbstgebaute „Compliance Häuser".

Auch ich bin dazu übergegangen, ein Compliance Haus zu bauen, welches die Grundelemente der Compliance beinhaltet und zusätzlich prozessuale Zusammenhänge darstellen kann.

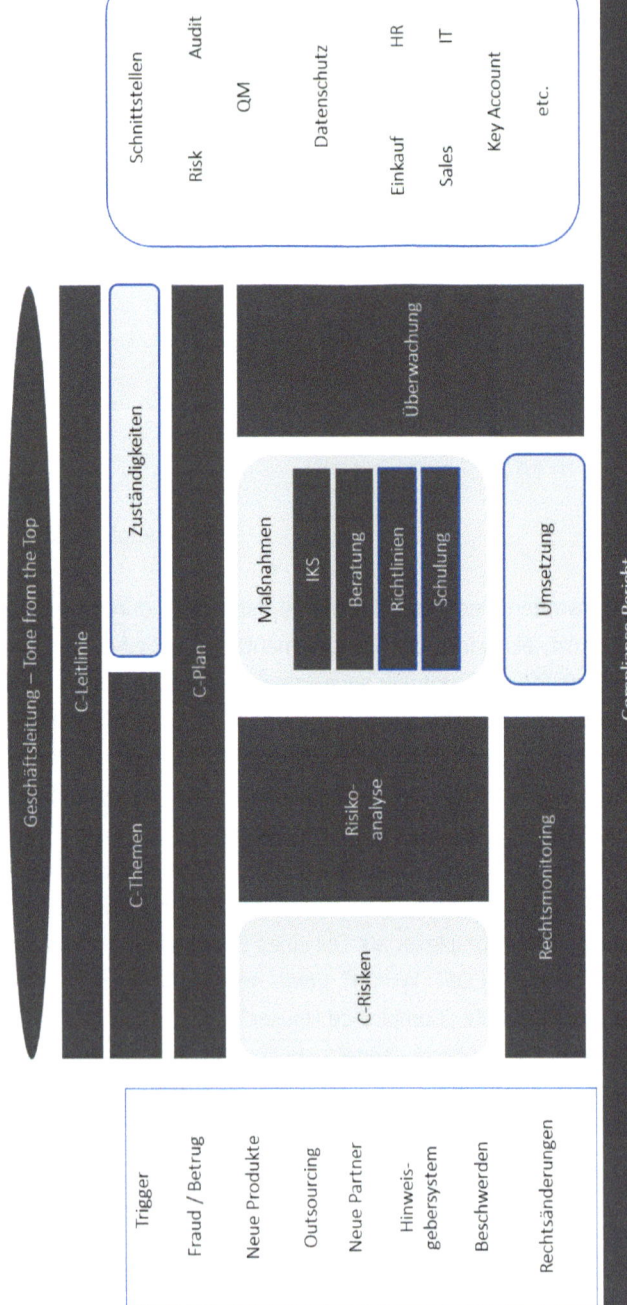

Geschäftsleitung – Tone from the Top

C-Leitlinie

Zuständigkeiten

C-Themen

C-Plan

Maßnahmen

IKS
Beratung
Richtlinien
Schulung

Überwachung

Umsetzung

Risiko-
analyse

C-Risiken

Rechtsmonitoring

Compliance-Bericht

Schnittstellen

Risk
QM
Audit
Datenschutz
Einkauf
HR
Sales
IT
Key Account
etc.

Trigger

Fraud / Betrug
Neue Produkte
Outsourcing
Neue Partner
Hinweis-
gebersystem
Beschwerden
Rechtsänderungen

An diesem Compliance Haus werden wir uns über die nächsten Kapitel entlang hangeln und so nach und nach das CMS aufbauen bzw. die einzelnen Bausteine oder "Räume" behandeln. Das soll nicht heißen, dass dieses Compliance Haus nun zwangsläufig auch Ihr Zielbild sein sollte. Es ist lediglich eine von vielen möglichen Darstellungsformen. Je nach der festgelegten Aufgabe aus dem vorherigen Kapitel sollte es entsprechend adaptiert werden. Die Grundelemente des PS980 sollten aber weiterhin erkennbar enthalten sein.

„Culture eats strategy for breakfast" – Peter Drucker

Nicht umsonst ist der *Tone from the Top* – quasi die Compliance-Kultur von oben, als „Dach" im Compliance Haus angeordnet. Das Penthouse für die Geschäftsleitung. Etwas umgangssprachlicher könnte man auch sagen: „Der Fisch fängt vom Kopf an zu stinken". Denn egal wie schön, sinnvoll, durchdacht oder innovativ das Haus aufgebaut ist, wenn das Dach undicht ist, kann niemand in diesem Haus wohnen.

Genug der Analogien – Fakt ist: Wenn die Geschäftsleitung nicht hinter dem ganzen steht, kann man sich die Mühen auch sparen. Spielregeln müssen für alle gleich sein. Es kann keine interne Elite geben, an die man alle Joker verteilt oder die niemals „Zwei-Ziehen" müssen. Auch die Geschäftsleitung muss bei der letzten Karte „Uno" sagen. Oder wie lange hätten Sie Lust mit jemandem Uno zu spielen, für den „bessere" Spielregeln gelten?

Natürlich mag es je nach Abteilung oder auch mal nach Hierarchie andere Regeln geben. Und ja – die Geschäftsleitung kann in Ausnahmefällen auch mal bestimmen, dass von einer Regel abgewichen wird. Wichtig ist allerdings, dass dies für alle transparent und betriebswirtschaftlich nachvollziehbar begründet wird. Bekommt ein Teil der Mitspieler das Gefühl, dass jemand „schummelt", spielen bald alle wieder nach ihren eigenen Regeln.

Ohne *Tone from the Top* kann sich keine Compliance-Kultur entwickeln. Und für die Praxis, die tatsächlich gelebte Compliance, ist eine gute Compliance Kultur das A & O. Hierzu gehören neben transparenten und nachvollziehbaren Spielregeln, an die sich jeder halten muss, auch eine offene Kommunikation und positive Fehlerkultur. Alles, was im stillen Kämmerlein besprochen wird, über den Flurfunk dann aber doch von allen mitdiskutiert wird, ist schlecht für das Vertrauen. Wenn Mitarbeiter Angst haben, Fehler zuzugeben oder offen anzusprechen, wird man die wahren Ursachen für Compliance Verstöße nur schwer identifizieren – womöglich fallen Compliance Verstöße auch gar nicht auf oder werden nicht gemeldet, was böswillige Mitarbeiter unbemerkt ausnutzen.

Daher sollte Compliance sich immer darum bemühen, den Kontakt zur Basis zu bewahren und nicht aus dem Elfenbeinturm von oben herab zu schauen. Der Compliance Officer sollte ein gutes Gefühl über die allgemeine Stimmung im Unternehmen haben, was in großen oder komplexen Organisationen natürlich auch herausfordernd sein kann – insbesondere, wenn man relativ neu im Unternehmen ist. Hier kann ich anonyme Mitarbeiterbefragungen empfehlen. Egal ob zum allgemeinen befinden (Wie zufrieden sind Sie mit uns?; Würden Sie uns als Arbeitgeber weiterempfehlen?) oder zu einem konkreten Thema (Wie sicher fühlen Sie sich mit der neuen IT-Anwendung?; Zu welchem Thema wünschen Sie sich eine Schulung?).

Solche Umfragen sollten gemeinsam mit dem Betriebsrat und der Geschäftsleitung durchgeführt werden und können ein Stimmungsbild gut einfangen - wenn man sie denn gut vorbereitet: Denn in der Fragestellung oder Werteskala kann man den ein oder anderen Fehler machen und das Ergebnis verfälschen. Setzen Sie sich im Vorfeld also mit dem Thema gut auseinander oder holen Sie sich einen Experten mit ins Boot. (Exkurs Mitarbeiterumfragen)

Ja. Compliance ist auch Dokumentation. Wenn möglich, erstellt sich die Dokumentation in Form von Nachweisen ganz automatisch, aber an der ein oder anderen Richtlinie wird man nicht vorbeikommen. Und darum sollte man als erstes Mal mit der Compliance Leitlinie anfangen.

Die Compliance Leitlinie beschreibt mindestens die Einordnung der Compliance Funktion in die Geschäftsorganisation, ihre Aufgaben / Ziele und Zuständigkeiten, Kompetenzen und Berichtspflichten. Im Grunde beschreibt die Leitlinie mehr oder weniger das gesamte CMS. Die erste Version Ihrer Leitlinie kann ruhig grob und allgemein gehalten sein. Mit den ersten praktischen Erfahrungen kann man die einzelnen Themen dann immer weiter präzisieren.

Die Compliance Leitlinie sollte mit der Geschäftsleitung abgestimmt und von dieser genehmigt werden, um die Compliance Funktion mit den gewünschten Aufgaben und notwendigen Kompetenzen auszustatten. Vielleicht klingt das etwas formalistisch und man könnte doch auch einfach loslegen. Ich empfehle aber, wenn auch erstmal nur grob, mit dem Schreiben der Leitlinie zu starten, sodass Geschäftsleitung und Compliance Funktion sich ohne Missverständnisse und falsche Erwartungen auf ein klar formuliertes Vorgehen geeinigt haben.

Die Compliance Leitlinie ist auch der einfachste „Beweis", dass ein CMS existiert. Es ist mittlerweile Konsens, dass ein vorhandenes CMS bei Verstößen, Bußgelder und Strafen reduzieren kann. Wenn ein Prüfer also nach dem CMS im Unternehmen fragt, könnte man ihm alles erläutern und nachweisen, was die Compliance Funktion so tagtäglich umsetzt. Das kann allerdings ein richtiger Flickenteppich von unterschiedlichsten Tätigkeiten werden. Viel einfacher ist es, die Compliance Leitlinie aus dem Hut zu ziehen. Eine strukturierte Beschreibung des CMS, von der Geschäftsleitung verabschiedet, mit der sich jeder Dritte einen Überblick verschaffen kann, um sich dann gezielt nach konkreten Tätigkeiten und Nachweisen zu erkundigen.

Kommen wir also zurück zu den Inhalten.

Einordnung in die Geschäftsorganisation

Ein Richtig oder Falsch gibt es hier eigentlich nicht. Ein Klassiker ist es, die Compliance Funktion zu Beginn ins Legal-Team / in die Rechtsabteilung zu integrieren. Compliance ist ja meist ein juristisches Thema und es gibt viele Schnittpunkte mit den Hausjuristen. Mit der fortschreitenden Entwicklung der Compliance Funktion werden die Unterschiede aber immer deutlicher, sodass ab einem gewissen Reifegrad die Compliance als eigenständige Abteilung etabliert werden sollte.

In manchen Häusern ist die Compliance mit dem Datenschutz Team zusammen oder auch mit dem Qualitätsmanagement. Es kommt im ersten Schritt eher darauf an, welches Ziel und Hauptthema die Compliance Funktion umsetzen soll. Insbesondere wenn der Compliance Officer als Einzelkämpfer startet, ist es für den zuständigen Kollegen ganz schön, ein Team im Rücken zu haben.

Viel wichtiger als die organisatorische Einordnung ist es aber, einen möglichst direkten Draht zur Geschäftsführung zu haben. Wenn der Compliance Officer also einen Missstand aufdeckt oder auf Hindernisse in der Umsetzung seiner Arbeit stößt, sollte es die Möglichkeit geben, ohne Politik und Bürokratie eine schnelle Entscheidung der Geschäftsleitung herbeizuführen.

2nd Line of Defense

Der Compliance Officer und im Grunde die gesamte Compliance Funktion, muss außerdem jederzeit frei von Einflüssen sein, die eine objektive, faire und unabhängige Aufgabenerfüllung verhindern könnten. Compliance sorgt für "die Compliance" im Unternehmen. Manchmal können Vorhaben oder Aktionen für z.B. die Erhöhung von Vertriebszahlen, Optimierung von Klickzahlen, Kosteneinsparungen in der Produktentwicklung, Lagerung, etc. die Risiken für "die Compliance" erhöhen. Der Compliance Officer und sein Team haben die Aufgabe, diese Risiken transparent zu machen und von verantwortlicher Stelle entscheiden zu lassen. Risiken werden nie von der Compliance-Funktion eingegangen. Darum verortet man Compliance oder auch das Risikomanagement immer in der sog. 2. Verteidigungslinie. Wenn du mehr zum *Modell der 3 Verteidigungslinien* erfahren möchtest, schau gerne im Exkurs Kapitel nach. An dieser Stelle ist erstmal wichtig, dass Compliance so weit wie möglich vom operativen Geschäft befreit ist. Denn Risiken objektiv bewerten und Maßnahmen überwachen, kann man nur bei anderen Abteilungen wirklich gut. Sich selbst zu überwachen ist eher schwierig.

Aufgaben und Ziele

In der Einleitung im Kapitel „Warum will ich ein CMS haben und was soll es leisten?" haben wir diese Frage schon geklärt. In der Leitlinie wird dieses Ziel nun dokumentiert und damit in Kraft gesetzt. Hilfreich ist es auch zu beschreiben, wofür die Compliance Funktion nicht (!) zuständig ist. Denn Compliance kann ganz schnell sehr groß und überwältigend werden. Es hilft, mögliche andere Compliance Themen abzugrenzen. Die Einhaltung des Datenschutzes bleibt Aufgabe des Datenschutz Teams. Die Einhaltung der Steuer-Compliance verbleibt im Finance Department / in der Buchhaltung. Die Sicherstellung des Allgemeinen Gleichbehandlungsgesetzes ist Aufgabe der Personalabteilung / HR.

Besonders zu Beginn sollte Compliance nicht mit zu vielen Themen überfrachtet werden. Nach und nach hat die Compliance Funktion methodische Kompetenzen aufgebaut, sodass man dort weitere Themen zentralisieren oder bündeln kann. Aber das sollte man erst nach und nach umsetzen.

Kompetenzen

Was darf die Compliance Funktion eigentlich? Im Grunde sollte zumindest der verantwortliche Compliance Officer alles eigenständig „dürfen", um seine Aufgaben und Ziele zu erreichen. Ein uneingeschränktes Zutritts-, Zugriffs- und Informationsrecht sollten hierbei Priorität haben. Ohne vollständige Informationstransparenz kann die Compliance Funktion nicht effektiv arbeiten. Hier wird klar, warum das Vertrauensverhältnis zwischen Compliance und der Geschäftsführung von großer Bedeutung ist. Wenn man es schafft eine gute Compliance Kultur im Unternehmen zu etablieren, also das Verständnis, dass die Einhaltung von Gesetzen und Vorgaben unbestritten zur Unternehmensphilosophie gehören, sind die o.g. Rechte eher Formsache und ein Compliance Officer muss nicht mehr mit der Leitlinie argumentieren, warum bestimmte Informationen vom Fachbereich zur Verfügung gestellt werden sollen bzw. dürfen.

Ein uneingeschränktes Zugriffsrecht bedeutet aber nicht gleichzeitig, dem Compliance Officer alle möglichen Rollenprofile in den jeweiligen IT-Systemen zu gewähren. Hier müssen Datenschutz und Informationssicherheit weiterhin sichergestellt werden. Warum sollte die Compliance Funktion Zugriff auf die Anschriften aller Mitarbeiter haben oder Klarnamen in der Kundendatenbank sehen, wenn dies für die allgemeine Aufgabe keine Rolle spielt? Das „Need-to-know" / „Need-to-Do" – Prinzip muss weiterhin eingehalten werden. Wichtig ist lediglich, dass auf begründete Anfrage der Compliance Funktion die relevanten Informationen und Daten ohne große Verzögerung bereitgestellt werden.

Manche Compliance Officer erhalten auch ein Veto-Recht unter bestimmten Voraussetzungen, z.B. bei einem drohenden Rechtsverstoß. Fraglich ist, inwieweit dies notwendig ist, wenn es einen „direkten Draht" zur Geschäftsleitung gibt und diese dann kritische Aktionen stoppen bzw. pausieren kann. Ein Veto-Recht kann außerdem Auswirkungen auf die Haftung des Compliance Officers haben.

Etwas schwieriger wird es mit Entscheidungskompetenzen. Diese sollten möglichst vollständig in den zuständigen Fachabteilungen verbleiben und nur insoweit der Compliance Funktion eingeräumt werden, sofern es auch ein reines Compliance Thema ist (z.B. die Risikoeinschätzung in der Compliance Risikoanalyse). Besser ist es, in kritischen Prozessen eine Beratungspflicht durch Compliance zu etablieren. So muss vom Fachbereich zwar eine Einschätzung und ggf. Bewertung eingeholt werden, die Entscheidung - der Einschätzung zu folgen oder eben auch nicht - verbleibt aber dennoch im Fachbereich. Denn Compliance ist ja auch eine Überwachungsfunktion und man kann wesentlich besser neutral und frei von Einflüssen überwachen, wenn man nicht selbst an einer Entscheidung beteiligt ist.

Berichtspflichten

Mindestens einmal im Jahr sollte es einen schriftlichen Bericht über die Tätigkeiten der Compliance Funktion für die Geschäftsleitung geben. So ist die Geschäftsleitung über die Erkenntnisse und Fortschritte der Compliance informiert und alles ist gebündelt an einem Ort dokumentiert.

Weitere Berichtspflichten könnten auch die regelmäßige Vorstellung von Compliance-Tätigkeiten in Geschäftsleitersitzungen oder Führungskräfte-Zirkeln sein. Jour-Fix Termine mit anderen gesetzlich Beauftragten (Datenschutz, Arbeitssicherheit, etc.) fördern den Informationsfluss. Was immer in Ihrer Firma sinnvoll erscheint. Wichtig ist, dass diese Berichtswege und Termine in der Leitlinie verpflichtend festgelegt werden und somit Compliance auch nachweislich ein Agenda Punkt in den verschiedenen Zielgruppen ist.

In der Compliance Leitlinie wurden die Aufgaben und Ziele der Compliance Funktion festgelegt. Damit wurden große Compliance Themen wie z.B. "Steuern" oder "Arbeitsrecht" bereits einer verantwortlichen Abteilung oder Person zugeordnet. Innerhalb der Compliance-Funktion kann es aber auch Sinn machen, noch weitere Themen zu definieren bzw. Kategorien zu bilden. Denn die Organisation kann nach verschiedenen Blickwinkeln ausgerichtet werden. Hierzu mögliche Beispiele, die natürlich erst relevant werden, wenn die Compliance Funktion aus mehr als einer Person besteht:

Organisation nach Thema

Hierbei bildet man Experten, die sich dem gesamten Werkzeugkasten der Compliance bedienen und sich vollständig um ein bestimmtes Thema wie "Vertriebscompliance" oder "Produktcompliance" kümmern. Dies hat den Vorteil, dass die Tätigkeiten abwechslungsreicher sind und der zuständige Kollege für Vertriebscompliance sowohl ein Auge auf relevante Rechtsänderungen hat, die Risiken im Vertrieb analysiert und entsprechende Richtlinien schreibt. Der Vertriebscompliance Officer kann somit die Auswirkungen von Rechtsänderungen besser einschätzen und weiß z.B. welche Richtlinien betroffen sind, wenn ein Vertriebsprozess vom Unternehmen geändert wird. Allerdings sind die fachlichen Anforderungen an den Kollegen damit entsprechend hoch und es besteht die Gefahr der Silobildung und unterschiedlicher Maßstäbe und Qualitäten unter den Compliance Themen. Eine regelmäßige Abstimmung innerhalb des Teams ist nötig.

Insbesondere bei sehr speziellen Themen greifen größere Organisationen auch auf „dezentrale" Compliance Officer zurück. Diese Kollegen arbeiten entsprechend nur zu einem Teil als Compliance Officer und übernehmen spezielle Aufgaben für die Compliance Funktion. Den anderen – meist überwiegenden Teil – arbeiten Sie weiter in Ihrer fachlichen Position. Diese Doppelrolle kann natürlich Interessenkonflikte enthalten, die man sich bewusst machen und möglichst vermeiden muss. Diese dezentrale Ansatz für spezielle Fachthemen beinhaltet also einige Nachteile, ist aber gerade am Anfang einer jungen Compliance Organisation durchaus üblich und akzeptiert.

Organisation nach Werkzeug / Tätigkeit

Auch hier bildet man zwangsläufig Experten, jedoch in den einzelnen Tätigkeiten. Ein Kollege ist zuständig für das Rechtsmonitoring, ein anderer für Richtlinien und wieder jemand anderes für die Risikoanalyse - oder am Anfang einfach einer für alles…

Vorteil hier ist, dass die Anforderungen an die einzelnen Kollegen grundsätzlich geringer sind und Qualifikationen, Talente oder Neigungen besser abgebildet werden können. Jemand, der gute verständliche Richtlinien schreiben kann, muss nicht zwangsläufig Gesetzestexte lesen und verstehen können und benötigt auch keine analytischen Fähigkeiten für eine angemessene Risikoanalyse. Die Qualität der einzelnen Werkzeuge kann dadurch höher, zumindest aber konsistenter sein. Allerdings ist der nötige Austausch zwischen den Teammitgliedern wesentlich intensiver. Bei einer Rechtsänderung muss der zuständige Kollege die Änderungen dem Team verständlich erklären, sodass die Verantwortlichen prüfen können, ob eine Richtlinie angepasst werden muss oder dies Auswirkungen auf die bisherige Risikoeinschätzung hat.

Matrixorganisation

Wie immer ist auch eine Kombination möglich. Also ein Vertriebscompliance Officer, der dennoch auf das Talent eines Kollegen zurückgreifen kann, der bessere Richtlinien schreibt. Dies stärkt auch die Eigenverantwortung, da jeder im Team einen eigenen Verantwortungsbereich oder die "Expertenhoheit" innehat und verbessert die Gesamtübersicht jedes einzelnen Teammitglieds und insgesamt den Teamgeist. Allerdings ist das Management des Teams und seiner Tätigkeit entsprechend aufwändiger und ohne Ticketsystem oder agile Arbeitsmethoden und Eskalationsmechanismen kaum effizient zu gestalten. Es wird häufiger Missverständnisse zur Zuständigkeit geben, die dann vom Leiter der Compliance Funktion entschieden werden müssen.

Der Compliance Plan ist das zentrale Tool, rund um ihre Compliance-Tätigkeiten. Der IDW PS 980 spricht hier vom Compliance Programm. Ist ein Compliance Management System regulatorisch vorgeschrieben, wird häufig von geplanten Tätigkeiten / Aktivitäten oder direkt von einem Compliance Plan gesprochen.

Der Compliance Plan, wie ich ihn nutze und hier vorstelle, erfüllt diverse Aufgaben: Priorisierung von Themen, Management von Aufgaben und Teammitgliedern, Statusreport, Transparenz über Tätigkeiten und Dokumentation. Um all diese Aufgaben zu erfüllen, kommt man allerdings kaum um ein Ticketsystem herum. Persönlich habe ich sehr gute Erfahrungen mit JIRA gemacht - insbesondere da dieses Tool als revisionssicher bezeichnet werden kann, weil jegliche Handlungen getrackt und nachvollziehbar und unveränderbar dokumentiert werden. Möglich sind natürlich auch andere Projektmanagement Tools, Microsoft Planner oder digitale Whiteboards.

Aufbau

Am besten orientiert man sich am Ziel der Compliance Funktion oder an den festgelegten Compliance-Themen. Wie kann das gesetzte Ziel erreicht werden? Was ist das wichtigste To-Do je Compliance-Thema? Versuchen Sie, das Ziel in Teilziele herunter zu brechen und sich an den Compliance-Themen entlang zu hangeln. Ähnlich wie man es bei den mittlerweile recht geläufigen OKRs (Operational Key Results) versucht. Zu Beginn geht es erstmal darum, den Themenspeicher / das Backlog zu füllen. Bleiben Sie also zunächst grob / high level. Auch Themen der Kategorie "jemand müsste mal" finden hier Einzug. Sammeln Sie im ersten Schritt erstmal alles, worum sich Ihre Compliance Funktion kümmern könnte. Wichtig ist hierbei, dass die Haupttätigkeiten / "Epics" einen prägnanten Titel haben, sodass man möglichst anhand des Titels sofort weiß, worum es bei der Aufgabe geht.

Schreiben Sie zu jeder Aufgabe auf, was das konkrete Risiko für Ihr Unternehmen ist bzw. welches Problem ggf. schon erkannt wurde.

Welche Vorschrift wird ggf. nicht vollständig eingehalten? Welche gesell-schaftliche / politische / unternehmerische Entwicklung könnte zu einer Verschlechterung des derzeitigen Zustands führen?

Erläutern Sie dann grob, welche Tätigkeiten Sie unternehmen wollen, um mehr Klarheit zu schaffen, das Risiko zu konkretisieren, neue oder bessere Maßnahmen einzuführen, etc.

Als Tipp: Bleiben Sie innerhalb Ihrer Oberthemen / Hauptaufgaben / "E-pics" ruhig vage, wenn Sie nicht zu 100% wissen, was in dem Thema zu tun ist oder ob das Risiko tatsächlich besteht. Vermeiden Sie Formulie-rungen wie "Prozess A verstößt gegen geltendes Recht, wir müssen Maß-nahme X umsetzen, damit wir wieder compliant sind." Kein Unterneh-mensverantwortlicher liest gerne über Rechtsverstöße - insbesondere nicht derart pauschal und schon gar nicht vom Compliance Officer. Neh-men Sie also die Analyse, Erkenntnis und Handlungsempfehlung nicht gleich vorweg. Schreiben Sie besser: "Abgleich von Prozess A anhand den geltenden Anforderungen und Analyse möglicher Verbesserungspotenti-ale". Der Compliance Plan ist der falsche Ort, um Verstöße aufzuzeigen und Handlungsempfehlungen zu geben.

Priorisieren

Ihr Aufgabenspeicher ist voll und Sie wissen jetzt schon nicht mehr, wie Sie das alles schaffen sollen? Gut! Mit dieser Liste gehen Sie nun zur Unternehmensleitung. Natürlich sollten Sie sich im Vorfeld klargemacht haben, welche Aufgaben wohl die wichtigsten sind und wie lange Sie grob für die Erledigung benötigen. Ggf. haben Sie für die offensichtlich zu pri-orisierenden Aufgaben bereits die ersten Unteraufgaben / "Tasks" erstellt. Stellen Sie jede Hauptaufgabe / jedes Epic der Geschäftsleitung vor und machen Sie einen Vorschlag in welcher Reihenfolge und über welchen Zeithorizont Sie sich darum kümmern werden. Ihre Planung sollte mög-lichst einen Zeitraum von 6 bis 18 Monaten abdecken. (Unter 6 Monate kann man sich die Planung fast sparen und länger als 18 Monate kann niemand verlässlich voraus schauen.) Es wird möglicherweise Aufgaben geben, die es nicht in den aktuellen Compliance Plan geschafft haben und das ist auch in Ordnung. Versuchen Sie also nicht alle Aufgaben unterzubringen, sondern planen Sie möglichst realistisch. Lassen Sie unbedingt einen kleinen Puffer für Ausfallzeiten oder "unvorhersehbares". Beplanen Sie die Auslastung der Compliance Funktion außerdem niemals zu 100%. Wenn ein möglicher Verstoß festgestellt wird, ist Compliance die erste Anlaufstelle. Sei es Investigation, Koordination, Beratung oder welche Hilfe gerade ad hoc benötigt wird. Der zuständige Compliance Officer sollte immer einen kühlen Kopf behalten und nicht völlig überlastet durch einen zu vollen Compliance-Plan sein. Auch sollte ein einzelner Vorfall nicht dazu führen, dass der gesamte Compliance-Plan zusammenbricht.

Diskutieren Sie also den Compliance Plan mit der Unternehmensleitung. Diese wird und sollte auch eine Meinung zu den Prioritäten haben und im besten Fall Ihrer Planung zustimmen. Wichtig ist hier folgendes: Sie haben Ihre Aufgaben transparent gemacht und die Unternehmensleitung hat die Prioritäten festgelegt.

Umsetzen

Die Planung steht. Jetzt geht es darum, sich mit den nun anstehenden Aufgaben näher zu beschäftigen. Welche einzelnen Schritte müssen unternommen werden? Wer ist für die Schritte zuständig? Die Hauptaufgaben, die es in den aktuellen Compliance Plan geschafft haben, werden nun in Unteraufgaben aufgeteilt bzw. heruntergebrochen. Die Erfüllung dieser Unteraufgaben sollte dazu führen, die Hauptaufgabe innerhalb der geplanten Zeit abzuschließen.

Hier wird deutlich, warum ein Ticketsystem oder zumindest ein Projektmanagement Tool sinnvoll ist. Alle geplanten Hauptaufgaben sind wie kleine Projekte und Dokumentation spielt für Compliance eine große Rolle. Um immer zum aktuellen Status auskunftsfähig zu sein, empfehle ich daher, für jede Unteraufgabe eine kleine Zusammenfassung zu erstellen. Was soll gemacht werden? Was wurde gemacht? Was war das Ergebnis? Dies mag auf den ersten Blick einen Mehraufwand darstellen, aber es erhöht ungemein die Transparenz und hilft, den Compliance-Bericht zu erstellen.

Agiles Arbeiten & Kanban

Meinen ersten Compliance Plan habe ich noch in Excel erstellt. Doch im Laufe der Zeit wurde klar, dass eine Tabelle ein zu starres Konstrukt ist, um alle Informationen und To-Do's übersichtlich zu organisieren. Darum bin ich zu einem Kanban Board übergegangen, um die Vorteile agiler Arbeit zu nutzen. In größeren Teams können (Abwandlungen von) Scrum oder andere Methoden Sinn machen.

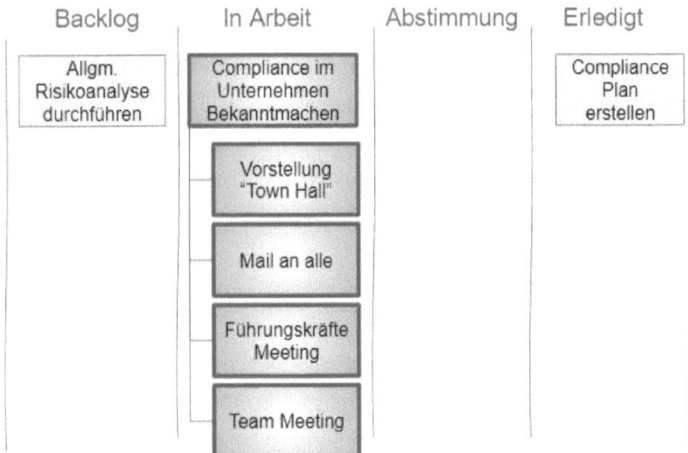

Beispiel für eine Hauptaufgabe / ein "Epic"

Die Compliance Funktion ist eine neu geschaffene Rolle im Unternehmen und der Compliance Officer ist direkt mit zahlreichen Aufgaben betraut, die Auswirkungen auf viele andere Abteilungen haben können. Außerdem soll der Compliance Officer auch erster Ansprechpartner für die Mitarbeiter werden. Also muss man diese neue Rolle doch irgendwie bekannt machen...

Beispielhafte Ticketbeschreibung:

"Compliance im Unternehmen bekannt machen"

<u>Risiko:</u>

Die Mitarbeiter wissen nicht, was "Compliance" ist und welche Aufgaben diese neue Funktion hat.

<u>To Do:</u>

Erhöhung des Bekanntheitsgrads des Compliance Officers und ein Verständnis für dessen Aufgaben schaffen.

1. Schritt: Vorstellung des Compliance Officers im TownHall Meeting
2. Schritt: Mail an alle Mitarbeiter mit beruflichem Werdegang und persönlichen Infos zum Compliance Officers
3. Schritt: Meeting mit allen Führungskräften zum persönlichen Kennenlernen und Erläutern der Aufgaben der Compliance Funktion
4. Schritt: Teilnahme an Team Meetings zur Vorstellung der Aufgaben bei den weiteren Kollegen.

So könnte das Ticket z.B. in Microsoft Planner aussehen:

Die Dokumentation im Laufe der Bearbeitung erfolgt im Ticket. Zum Abschluss der Aufgabe könnten folgende Inhalte dazugekommen sein:

"Compliance im Unternehmen bekannt machen"

Risiko:

Die Mitarbeiter wissen nicht was "Compliance" ist und welche Aufgaben diese neue Funktion hat.

To Do:

Erhöhung des Bekanntheitsgrads des Compliance Officers und ein Verständnis für dessen Aufgaben schaffen.

Ergebnis:

Der Bekanntheitsgrad hat sich stark verbessert. Die ersten Kollegen haben die Compliance Funktion bereits direkt zu Compliance Themen angesprochen. Mit zunehmender Dauer und Einbindung in relevante Projekte dürfte der Bekanntheitsgrad weiter steigen. ggf. bietet sich nach dem ersten Jahr eine kurze Mitarbeiterumfrage zur Bekanntheit der Compliance Funktion an.

1. Schritt: Vorstellung des Compliance Officers im TownHall Meeting
Ergebnis: Teilnahme erfolgte im TownHall am 06.04.2023

2. Schritt: Mail an alle Mitarbeiter mit beruflichem Werdegang und persönlichen Infos zum Compliance Officers
Ergebnis: Versand der Mail an alle Mitarbeiter am 17.4.2023
(Anhang Mail)

3. Schritt: Meeting mit allen Führungskräften zum persönlichen Kennenlernen und Erläutern der Aufgaben der Compliance Funktion
Ergebnis: Teilnahme am Führungskräfte Meeting 10.5.2023 mit beigefügter Präsentation (Anhang PPT).
Erste Einladung zum nächsten Teammeeting der Abteilung Service erhalten.

4. Schritt: Teilnahme an Team Meetings zur Vorstellung der Aufgaben bei den weiteren Kollegen.
Ergebnis: Teilnahme am Service Meeting (15.5.25), Sales Meeting (16.5.25) und Produkt Meeting (22.5.25). Backoffice Meeting im bilateralen Gespräche mit Abteilungsleiter erstmal für nicht relevant erachtet. Town Hall & Mail sollten vorerst ausreichend sein.

Glückwunsch! Erstes Thema abgeschlossen. Aber was ist jetzt genau der Vorteil dieser ständigen Dokumentation in einem "Ticket"?

Nun, dieses Ticket macht Ihre Arbeit nicht nur für Sie selbst, sondern auch für Außenstehende greifbarer, transparent und nachvollziehbar. Stellen Sie sich vor, die Geschäftsleitung fragt Sie spontan, wie es denn so mit der Bekanntmachung der Compliance-Organisation läuft. Schließlich haben Sie dieses *Thema* ja gemeinsam als Priorität innerhalb des Compliance Plans gesetzt. Anstelle nun in Mails, Ordner und Ihrem Kalender zu suchen, öffnen Sie das Ticket und schauen sich die letzten Einträge an.

"Wir hatten unsere erste Vorstellung im Service Team. Die Kollegen fanden die Aufgabe sehr spannend. Als nächstes steht das Sales Meeting an. Möchten Sie die Präsentation dazu sehen?"

Auch bei externen Prüfungen ist ein ordentlich gepflegtes Ticketsystem Gold wert und kann helfen dem Prüfer einen guten Überblick zu verschaffen. Versuchen Sie mal in 3 Jahren nachvollziehbar zu belegen, wie Sie die Bekanntheit der Compliance Funktion herbeigeführt haben. Viel Erfolg beim Finden der relevanten Mails, Kalendereinträge und Präsentationen...

Die Arbeit eines Compliance Officers besteht aus vielen verschiedenen Tätigkeiten: Persönliche Gespräche, Team Meetings, Prüfungsberichten, Mails, Folien, Charts, Analysen etc. Das Ticket - sofern Sie alles dort aufschreiben, verlinken, sammeln oder hochladen - hilft den Überblick zu behalten und alles zu einer bestimmten Aufgabe an einem Ort zu haben. Insbesondere wenn man als Team an einer Aufgabe arbeitet, hat dies immense Vorteile, nicht den Überblick zu verlieren. Ganz klar, das erfordert Disziplin und einen vermeintlichen Mehraufwand - die Erfahrung zeigt aber, dass die Nutzung agiler Arbeitsmethodik wie Kanban die Projektumsetzung beschleunigt, Teamzusammenarbeit verbessert und sogar die Qualität der Arbeit verbessert.

Kommen wir endlich zu "den" Compliance-Risiken. Immerhin hat man diesen ja im PS980 ein eigenes Tortenstück gewidmet und auch in meinem Compliance Haus findet man sie an zentraler Stelle. Die Herausforderung bei der Beschreibung der Compliance Risiken ist, dass diese sehr individuell sind und nur Sinn machen, wenn sie auch zum jeweiligen Unternehmen passen. Das Compliance Haus als Zielbild und Compliance Management System ist universell einsetzbar, die Compliance Risiken innerhalb des Hauses aber abhängig von Branche, Tätigkeitsland, relevanter Gesetze, Produktionswege und -ketten, Vertriebskanäle usw. Von Vorteil ist es als Compliance Officer, wenn einem die Branche und bestenfalls das Unternehmen nicht ganz fremd sind.

Bringen wir also etwas Struktur in die Aufgabe, Compliance Risiken zu beschreiben. Dabei gibt es verschiedene Ansätze, auf die ich gleich näher eingehe. An dieser Stelle sei aber eines gesagt: Es geht hier tatsächlich darum, **die eigenen** Risiken zu beschreiben. Auf der Flughöhe und in dem Detailgrad, den man als Compliance Officer für angemessen erachtet.

Allgemeine Definition

Unter Compliance versteht man im Allgemeinen zu beachtende Gesetze und Verordnungen, aufsichtsbehördliche Anforderungen sowie allgemein anerkannte Standards, als auch selbst gesetzte Regeln, dauerhaft einzuhalten. Ein Compliance Risiko ist demnach ein Ereignis, welches einen Verstoß gegen diese "Regeln" darstellt. Jedoch ist diese Beschreibung nicht ganz korrekt. Das Gabler Wirtschaftslexikon z.B. beschreibt ein Risiko allgemein so: "Kennzeichnung der Eventualität, dass mit einer (...) Wahrscheinlichkeit ein (...) Schaden bei einer (...) Entscheidung eintritt oder ein erwarteter Vorteil ausbleiben kann."[1] Das Risiko drückt also die Kombination aus Wahrscheinlichkeit und Gefahr aus. Wenn man also ein

---

[1] https://wirtschaftslexikon.gabler.de/definition/risiko-44896 - 15.08.2024 15:22 Uhr

"Compliance Risiko" X hat und sagt, das Risiko hierfür ist "gering" (was auch immer das bedeutet), meint man eigentlich: "Die Gefahr bzw. das Szenario X hätte starken Einfluss auf den Fortbestand unseres Unternehmens (*Auswirkung / Impact*). Die tatsächliche Realisierung ist aber nahezu unrealistisch (*Wahrscheinlichkeit*).

Welche Maßstäbe man für die Wahrscheinlichkeit oder die Auswirkungen verwendet, ist an dieser Stelle noch nicht wichtig. (Hierzu später mehr im Kapitel Risikoanalyse & Maßnahmen). Wichtiger ist, dass das, was umgangssprachlich als Compliance Risiko bezeichnet wird, eigentlich ein Compliance Risiko-Szenario ist. Und die gewünschte Übersicht oder Liste der Compliance Risiken eigentlich nur eine endlose Liste von Szenarien ist. Das Risiko kann man erst nach einer entsprechenden Analyse bewerten. Und genau hier liegt die Krux. Wann höre ich auf, Szenarien aufzuschreiben und fange mit der Risikoanalyse an? Und wenn ich mich auf die "wichtigen" Risiken konzentrieren oder beschränken will, muss ich ja eigentlich parallel schon die Risikoanalyse betreiben?!?

Übrigens, als Definition für die "Gefahr" findet man häufig folgendes: Eine Gefahr ist das Zusammentreffen einer Bedrohung auf eine Schwachstelle. Um Risikoszenarien zu erstellen, kann es hilfreich sein, sich einer externen Bedrohung bewusst zu werden. Allerdings kann ein Compliance Verstoß auch begangen werden, wenn keine wirkliche Bedrohung vorliegt, zum Beispiel durch das Weglassen oder Vergessen von Informationen, bei einer vorgeschriebenen Aufklärungspflicht.

Top Down

Als Top Down - also von oben nach unten - wird ein Prozess bezeichnet, der sich vom Abstrakten zum Konkreten bewegt. Für unsere Risikoszenarien bedeutet das also, mit der allgemeinen Formulierung zu beginnen, und die findet man für Compliance praktischer Weise in den relevanten Gesetzen.

Nehmen wir etwas allgemeingültiges wie das Strafgesetzbuch und hier den §299 "Bestechlichkeit und Bestechung im geschäftlichen Verkehr" - ein Compliance-Klassiker sozusagen. Grob zusammengefasst lässt sich hieraus folgendes Szenario formulieren: "Unlautere Bevorzugung durch persönliche Zuwendungen (Aktiv & Passiv)." Nun ist diese Variante allerdings - wie bei diesem Ansatz üblich und gewollt - noch sehr abstrakt. Was könnte denn eine persönliche Zuwendung sein? Wie könnte ein verbotenes (aktives) Angebot aussehen, wie eine (passive) Annahme? Wer und wo im Unternehmen könnte davon betroffen sein? Die Antworten auf diese Fragen ergeben Ihre Szenarien.

Beispiel A:
    Geschenke an einen Zulieferer, um im nächsten Jahr günstigere Preise zu erhalten.

Beispiel B:
    Annahme einer persönlichen Prämie für einen Produktionsauftrag, der bei anderen Anbietern bei gleicher Qualität günstiger wäre.

Schon hier in der ersten Konkretisierung eines noch abstrakten Szenarios zeigt sich, wie individuell Risikoszenarien werden können. Gehen wir noch einen Schritt weiter. Wenn Sie sich in Ihrer Branche oder Ihrem Unternehmen besonders gut auskennen, fällt es Ihnen relativ leicht, sehr konkrete Szenarien zu formulieren. Aber selbst dann und insbesondere, wenn Sie noch nicht auf relevante Berufserfahrung zurückblicken können, empfehle ich, die einzelnen Abteilungen im Unternehmen einzubinden. Nehmen Sie die gröbsten Szenarien mit und stellen Sie diese den verschiedenen Abteilungen vor. Vielleicht haben Sie schon ein konkretes Szenario vorbereitet, aber dort sitzen die wahren Experten. Gestalten Sie einen kleinen Workshop mit ausgewählten Mitarbeitern und formulieren Sie gemeinsam weitere Szenarien, die möglichst genau auf tatsächliche Prozesse in dieser Abteilung passen. Beispiel A wird in der Einkaufsabteilung ggf. noch genauer beschrieben und jemand könnte aus dem allgemeinen Szenario etwas ableiten, von dem Sie noch gar nichts wussten wie: "Wir laden den externen Vertrieb regelmäßig zum Fußball ein. Fällt das darunter?" - "Wir kaufen unsere Firmenwagen immer im Autohaus, in dem die Schwester vom Chef arbeitet…"

So können aus abstrakten Szenarien sehr konkrete Szenarien werden - bis hin zu konkreten Fällen, die man ihnen ganz beiläufig erzählt. Denn immerhin gibt es ja jetzt jemanden, der sich darum kümmert, oder?

Bottom Up

Hier fängt man direkt mit den konkreten Szenarien an. Dies eignet sich insbesondere, wenn man wenig Branchenkenntnisse hat und auf die Erfahrung der Abteilungsleiter oder Mitarbeiter angewiesen ist. Fragen Sie jeden Verantwortlichen, was genau schief gehen könnte, damit gegen ein Gesetz oder eine Regel verstoßen wird. Die meisten werden sich an ihren üblichen Prozessen entlang hangeln und so Sachen sagen wie: "Ja, wenn hier jemand nicht aufpasst, dann… aber wir haben ja regelmäßig Schulungen dazu und die wichtigen Sachen laufen auch über meinen Tisch." Nicht nur hat man nun ein sehr konkretes Szenario, man hat auch die ersten Maßnahmen oder Kontrollen direkt mitgeliefert bekommen. Häufig muss man nach jedem Workshop aussortieren und schauen, ob es sich wirklich um ein Compliance-Szenario handelt oder doch eher etwas für das Risiko- / Qualitätsmanagement oder HR ist. Dieser offene Ansatz bietet sich auch an, um das allgemeine Risikobewusstsein der Führungskräfte einschätzen zu können. Kennen die Kollegen nicht bloß ihre Prozesse, sondern wissen auch, welche Risiken dort eingegangen werden oder was falsch laufen könnte? Ein äußerst wichtiger Faktor - der Mensch! Menschen machen Fehler und wenn die Qualifikation eines Mitarbeiters ungenügend ist oder die Arbeitsbelastung zu hoch, steigt die Fehlerquote und daraus können auch Compliance Verstöße entstehen. Außerdem kann man hier auch schnell das Verantwortungsverständnis und damit auch einen Indikator für die Compliance Kultur erkennen: Verstehen die Führungskräfte, dass die Verantwortung für die Einhaltung der Compliance bei Ihnen liegt? Nicht bei Compliance oder bei Mitarbeitern, die Fehler machen!

Individueller Risiko Mix

Es gibt hier nur selten ein Richtig oder Falsch. Es haben sich diverse Varianten etabliert. Der wichtigste Aspekt ist eigentlich, dass man sich nachvollziehbar mit den Unternehmensrisiken beschäftigt hat. Beide

Varianten eignen sich gut für den Start. Am Ende kommt es darauf an, welches Niveau oder welchen Detailgrad Sie erreichen wollen. Sollen Risikoszenarien mit dokumentierten Prozessen aus einem Prozessmanagement-Tool verknüpft werden? Oder gar mit einzelnen Prozessschritten? Oder reicht es erstmal, High-Level ein Gefühl dafür zu bekommen, welche Gesetze und regulatorischen Vorgaben die wichtigsten sind und dass diese auch eingehalten werden? Sicher eine Frage der Branche und des regulatorischen Umfelds.

Auch welche Ziele der Compliance-Funktion gesetzt wurden und welche Compliance-Themen in ihren Verantwortungsbereich fallen. Man kann auch Hierarchien bilden und konkrete Szenarien unter allgemeine Szenarien hängen, die wiederum unter Gesetzen hängen. Was wollen Sie erreichen? Diese Frage lässt sich übrigens nach dem nächsten Kapitel etwas leichter beantworten.

Umgang mit Risiken im Allgemeinen
    Es gibt in der Risikomanagement-Theorie mehrere Möglichkeiten einem Risiko zu begegnen.

Prävention: Durch präventive Maßnahmen zielen Sie darauf ab, die Wurzeln des Risikos zu managen, um so sicherzustellen, dass Probleme von vornherein vermieden werden. Sie reduzieren im Grunde die Eintrittswahrscheinlichkeit.
Schadensbegrenzung: Sie legen Strategien fest, die dazu dienen, im Falle eines Risikoeintritts den entstandenen Schaden zu minimieren.
Akzeptanz: Sie entscheiden sich, das Risiko bewusst zu akzeptieren. Sie verzichten auf (weitere) präventive Maßnahmen, um das Risiko zu unterbinden und nehmen potentielle Schäden in Kauf.
Transfer: Das Risiko wird auf eine externe Partei verlagert. Beispielsweise kann über einen Vertrag das Risiko auf einen Zulieferer übertragen werden oder Sie schließen eine Versicherung für den entstehenden Schaden ab.

Insbesondere bei "der" Compliance Risikoanalyse gibt es beinahe so viele Herangehensweisen wie es Compliance Officer gibt. Darum fühlen Sie sich eingeladen, Ihre eigene Philosophie zu entwickeln - und der Begriff Philosophie ist bewusst gewählt. Denn alle Compliance Risikomodelle sind genau das - Modelle! Der Versuch, abstrakte Situationen greifbar und möglichst realistisch darzustellen. Doch gerade bei Compliance Risiken bzw. bei Compliance Verstößen holt der Zufall Sie häufig zurück in die Realität und rüttelt an Ihrem ausgeklügelten Modell. Darum seien Sie sich von Anfang an bewusst - Verstöße werden eintreten. Es werden sich auch Risiken realisieren, die man vielleicht gar nicht hat kommen sehen. Die Frage ist bloß: Wann? Eine Vollständigkeit ist praktisch unmöglich und man kann sich dieser nur Unser Problem in der Compliance liegt darin, dass wir kaum auf große Daten zurückgreifen können, um korrelierende Kennzahlen zu berechnen oder gar um (vermeintliche) Vorhersagen der Eintrittswahrscheinlichkeit zu treffen. Bei Compliance geht es um Gesetze und Vorgaben, nicht um Zahlen oder finanzielle Werte. Finanzielle Werte können natürlich dezimiert werden, wenn man gegen ein Gesetz verstößt, aber selbst dann ist die Spannbreite der Bußgelder, Strafen oder auch der Reputationsverlust kaum seriös zu beziffern. Darum fällt es den Compliance Officern auch häufig schwer, sich in das allgemeine Risikomanagement zu integrieren. Sinnvoll kann das aber auf jeden Fall sein. Zumindest auf einheitliche Bewertungsskalen bzw. eine Risikomatrix sollte man sich einigen können.

Die Risikomatrix

Die Risikomatrix definiert und veranschaulicht identifizierte Risiken und verortet diese auf der sogenannten „Heat-Map". Diese spiegelt die aktuelle Risikolandschaft wider und zeigt optisch auch den Risikoappetit des Unternehmens auf, weshalb es nur sinnvoll ist sich im gesamten Unternehmen auf einen Risikomatrix zu einigen, die dem Risikoappetit des Unternehmens entspricht.

Hier mal ein Beispiel:

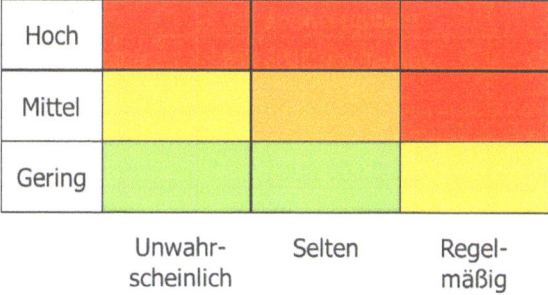

In dieser sehr einfachen Risikomatrix gib es 2 Achsen. Der Impact auf der Y-Achse (Gering, Mittel, Hoch) und die Eintrittswahrscheinlichkeit auf der X-Achse (Unwahrscheinlich, Selten, Regelmäßig).

Nun sind die Kategorien von Impact und Eintrittswahrscheinlichkeit sehr grob gefasst, weshalb diese definiert werden müssen.

Für die **Eintrittswahrscheinlichkeit** sollte es grundsätzlich auch möglich sein, im gesamten Unternehmen eine einheitliche Definition zu finden. Die kann z.B. so aussehen:

Unwahrscheinlich = Alle 30 Jahre
Selten = Alle 10 Jahre
Regelmäßig = Alle 1 – 3 Jahre

Bei der Definition des **Impacts** wird es schwieriger eine einheitliche Definition zu finden, da man aus verschiedenen Perspektiven auf Risiken blickt. Es ist aber auch nicht unbedingt notwendig EINE Definition zu finden, solange man sich an das Raster hält.

So kann der Impact z.B. wie folgt beschrieben werden:

Imact	Risiko-management	Compliance
Hoch	Verlust von 30% des Kapitals	Untersagung des Geschäftsbetriebs
Mittel	Realisierter Verlust > 500.000 EUR	Ungeplante Prüfung durch eine Behörde.
Gering	Abweichung von Planwerten < 5%	Unklarheit / „Grau-Bereich" in der Rechtsauslegung

Die Definitionen müssen natürlich von der Geschäftsleitung akzeptiert werden und mit deren **Risikoappetit** abgeglichen werden, welcher sich dann zum Beispiel in der Farbgebung widerspiegeln kann. „Grüne" Risiken werden akzeptiert, „Gelbe Risiken" müssen überwacht und regelmäßig reported werden, „Orangene" Risiken benötigen Verbesserungsmaßnahmen, um das Risiko zu verringern und „Rote" Risiken sind inakzeptabel. In der Praxis wird dann häufig auch ein komplexeres Raster, als das hier exemplarische 3x3 Raster benötigt. Denn zum einen sollen nicht zu viele Risiken direkt im roten Bereich sein, um sich im Geschäftsbetrieb mehr Spielraum bzw. Flexibilität zu schaffen und zum anderen sind die Abstufungen in einem 3x3 Raster sehr grob und es fällt schwerer die Eintrittswahrscheinlichkeit oder den Impact zu bewerten.

Einfachster Aufbau Risikoanalyse

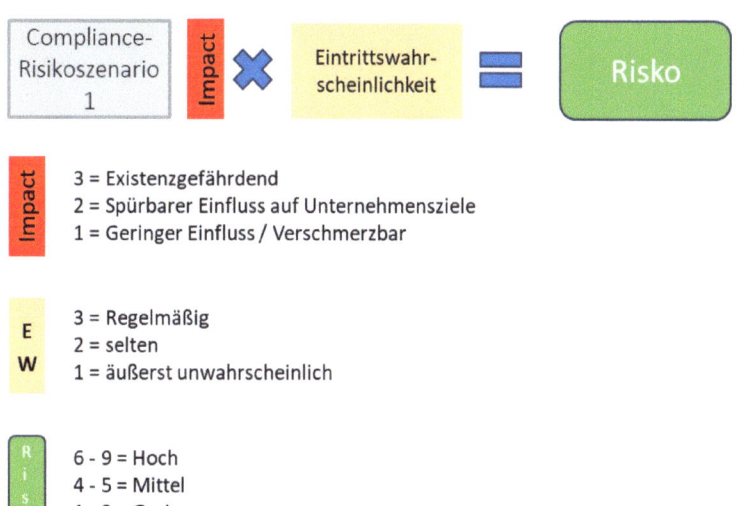

Nehmen Sie sich ein Risikoszenario und überlegen Sie sich den *Impact*, also die Auswirkungen, die ein Eintritt dieses Szenario haben könnte. Dann schätzen Sie die Eintrittswahrscheinlichkeit ein. Multiplizieren Sie beides und Sie haben das Risiko. Schauen Sie sich die Abstufung des Risikos an. Diese sind nicht gleichmäßig verteilt, wie die Abstufungen des Impacts oder der Eintrittswahrscheinlichkeit. Der Grund liegt darin, dass wir uns für eine Multiplikation entschieden haben. Man stelle sich vor, der Impact ist *existenzgefährdend* und kommt *selten* vor. Es kommt zwar auf die tatsächliche Definition von *selten* an, aber dass meine Existenz selten gefährdet ist, würde ich nicht als *mittleres* Risiko bewerten. Das hätte ich doch gerne als *hoch* eingestuft. Also selbst bei diesem sehr einfachen Modell kann man den ersten Stolperstein einbauen und eigentlich *hohe* Risiken durch eine falsch gewählte Abstufung übersehen.

Komplexität: Impact

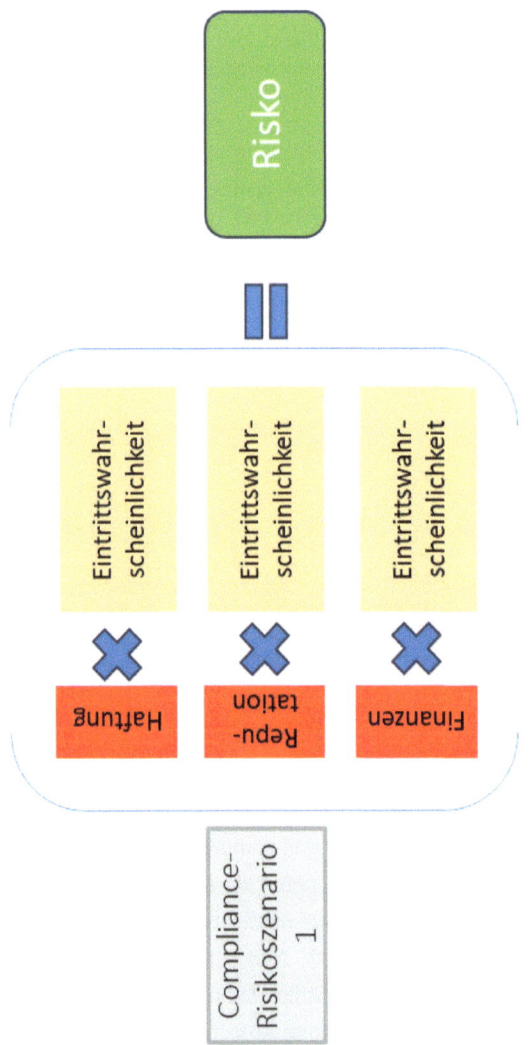

Lässt sich die Auswirkung auf ein Szenario wirklich in einer einfachen Zahl zusammenfassen? Sind es nicht mehrere Aspekte, die berücksichtigt werden müssen? Finanziell mag der Eintritt eines Szenarios verschmerzbar sein, aber besteht hier ggf. ein Haftungsrisiko für die Geschäftsleitung?

Macht die Geschäftsleitung sich am Ende bei einem Verstoß persönlich strafbar? Und was ist mit der Reputation? Kommen unsere Kunden noch zu uns, wenn dieses Szenario eintritt und publik wird? Und selbst wenn draußen niemand Wind davon bekommt - was macht das mit unserer Mitarbeiterzufriedenheit? Verlieren wir Mitarbeiter, weil jemand "für so einen Laden" nicht mehr arbeiten will?

Sie haben gedacht, Risikoszenarien zu erstellen wäre komplex? Nur mit einer ordentlichen Antizipation der Auswirkungen, lassen sich die relevanten Szenarien herauskristallisieren. Und nur wer die Auswirkungen gut einschätzen kann, kann entsprechende Maßnahmen für den Fall der Fälle vorbereiten.

Komplexität: Risiko Verortung

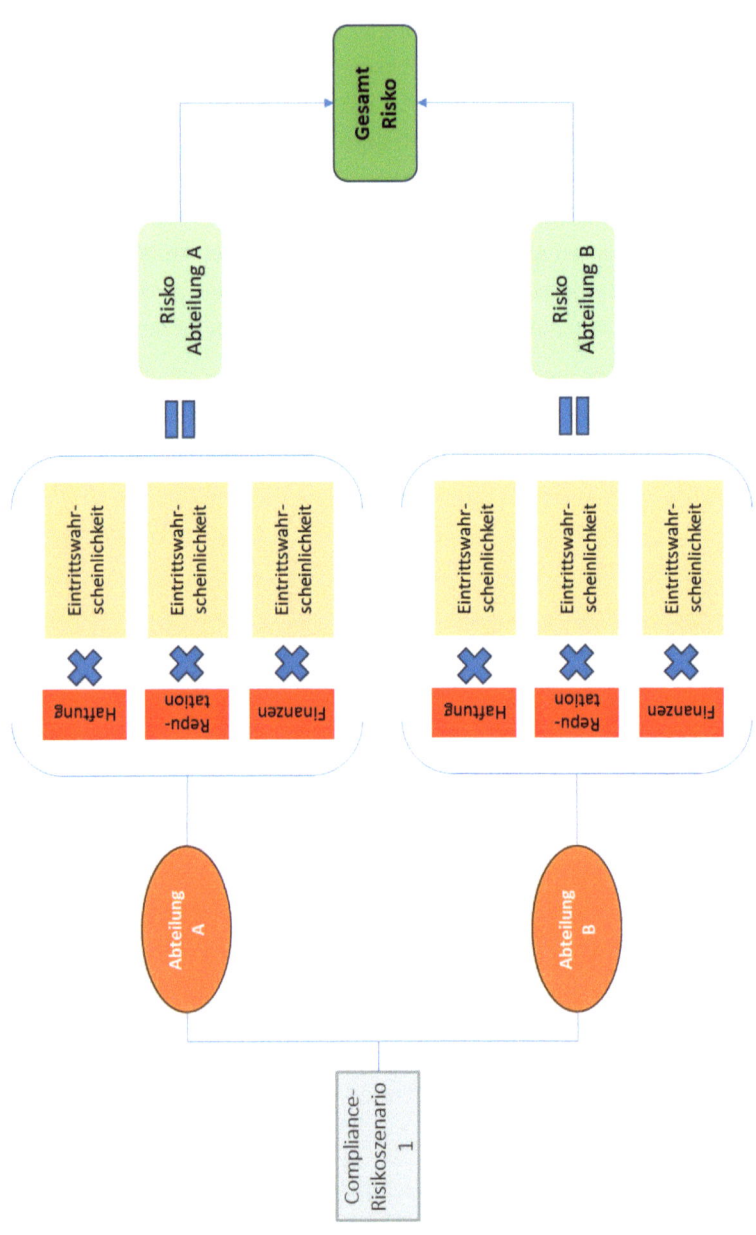

Auch wenn ein Risikoszenario in mehreren Abteilungen auftreten kann, heißt das noch lange nicht, dass die Auswirkungen oder die Eintrittswahrscheinlichkeiten in diesen Abteilungen gleich sind. Man könnte also entweder eine Nische übersehen, in der sich das Szenario viel stärker manifestiert, oder man konzentriert seine Aufmerksamkeit auf alle Abteilungen gleich, obwohl das Risiko in einer Abteilung wesentlich geringer ist.

Komplexität: Netto Risiko

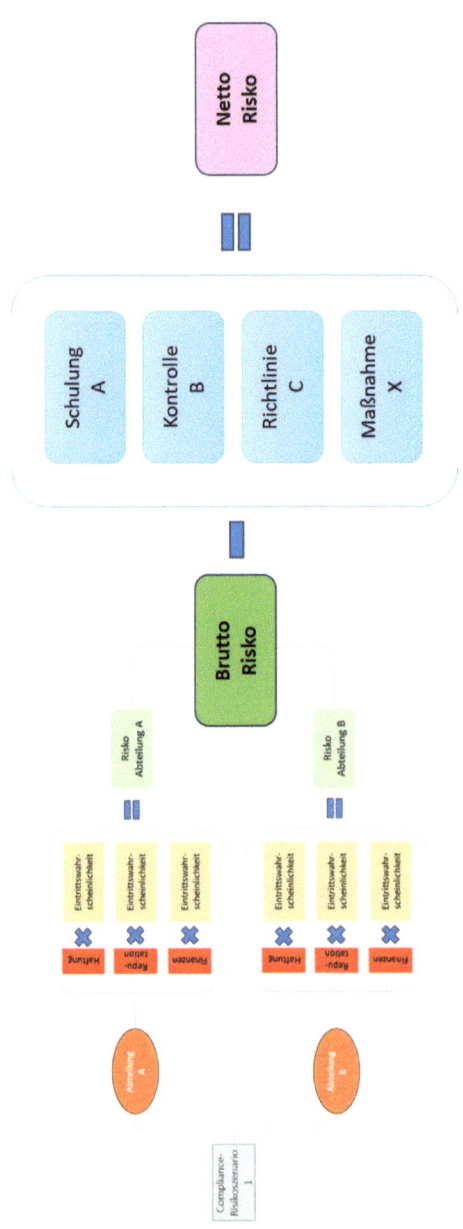

Was wir uns bisher angeschaut haben, ist das blanke Risiko ohne Maßnahmen - man spricht hierbei vom *Brutto Risiko*. Hohe Risiken wird man aber nur selten einfach akzeptieren. Darum stellt man Risiken entsprechende Maßnahmen entgegen und diese sollten auch Einzug in Ihre Risikoanalyse finden, um sich der Realität weiter anzunähern und das tatsächliche Risiko nach Berücksichtigung aller Maßnahmen - das *Netto Risiko* - zu ermitteln.

Maßnahmen

Maßnahmen können vielfältig sein. Sie lassen sich üblicherweise grob in die folgenden 4 Kategorien unterscheiden - natürlich kann es aber weitere als die hier genannten Maßnahmen oder Maßnahmenkategorien geben:

1. **Kontrollen**

    z.B. das gute alte *4-Augen-Prinzip*: Jemand erstellt etwas und eine weitere Person prüft das Ergebnis; *Gestaffelte Freigabekompetenzen*: Ein Mitarbeiter im Einkauf könnte einen besseren Stückpreis erzielen, wenn größere Mengen eingekaufte werden, welche allerdings die maximale Einkaufskompetenz des Einkäufers überschreitet, weshalb dieser den Einkauf von seinem Vorgesetzen mit höheren Einkaufslimits freigeben lässt; *Klare Entscheidungskompetenzen:* Ein Ingenieur hat eine Idee für die Bewerbung eines neuen Produkts, Werbung ist aber Aufgabe des Marketings, weshalb die Entscheidung wie und wo beworben wird dort liegt.

2. **Richtlinien**

    Arbeitsanweisungen, Guidelines, Leitlinien, Richtlinien, Verfahrens- / Prozessbeschreibungen - you name it. Alles, was in irgendeiner Form bindend für die Mitarbeiter ist. Richtlinien sind im Grunde die dokumentierte Form einer Anweisung der verantwortlichen Führungskraft. Sie helfen Standards zu setzen und einheitliches Vorgehen zu beschreiben. Welche verschiedenen Arten es gibt, Hierarchien zwischen diesen, Pflichtinhalte, Verteilung und Bekanntmachung - mit dem Richtlinienwesen beschäftigen sich in großen Unternehmen ganze Abteilungen.

3. **Schulungen**

   Ob interne Schulungen in Präsenz, Webinare, Web-Based-Trainings (WBTs) gegebenenfalls mit anschließendem Test, externe Seminare - Schulungen sind ein wichtiges Instrument. Sie helfen, Richtlinien und Anforderungen besser zu verstehen und erhöhen die Transparenz von Arbeitsabläufen. Schulungen sind ein Baustein für qualifizierte Mitarbeiter und diese wiederum verringern das Risiko von Fehlern und somit von möglichen Compliance Verstößen.

4. **Beratung**

   Gutachten, Beratungen oder sonstige Kommunikationsmaßnahmen sind häufig für spezielle Einzelfälle oder neue Prozesse nötig. Daher sind sie etwas schwieriger in eine Risikoanalyse zu integrieren, da sie zu konkret und meist nicht allgemein sind. Dennoch macht es Sinn, auch die Möglichkeit einer Beratung durch einen Experten im Maßnahmenkatalog zu berücksichtigen. Denn insbesondere in Prozessen, die etwas Neues für das Unternehmen erstellen, ist eine Beratung häufig eine effektive Maßnahme. Und schließlich hat auch die Compliance-Funktion eine Beratungsaufgabe - Compliance selbst hilft also Risiken zu mindern.

Bei der Gesamtheit aller Maßnahmen spricht man übrigens vom internen Kontrollsystem. Hierzu zählen allerdings nicht nur zwangsläufig "Compliance Maßnahmen" - also Maßnahmen welche Compliance Risiken mindern - sondern auch Maßnahmen gegen andere Risiken, wie z.B. das Zins- / oder Währungsrisiko, der Fachkräftemangel, fehlerhafte IT Systeme, etc.

Komplexität: Maßnahmen Bewertung

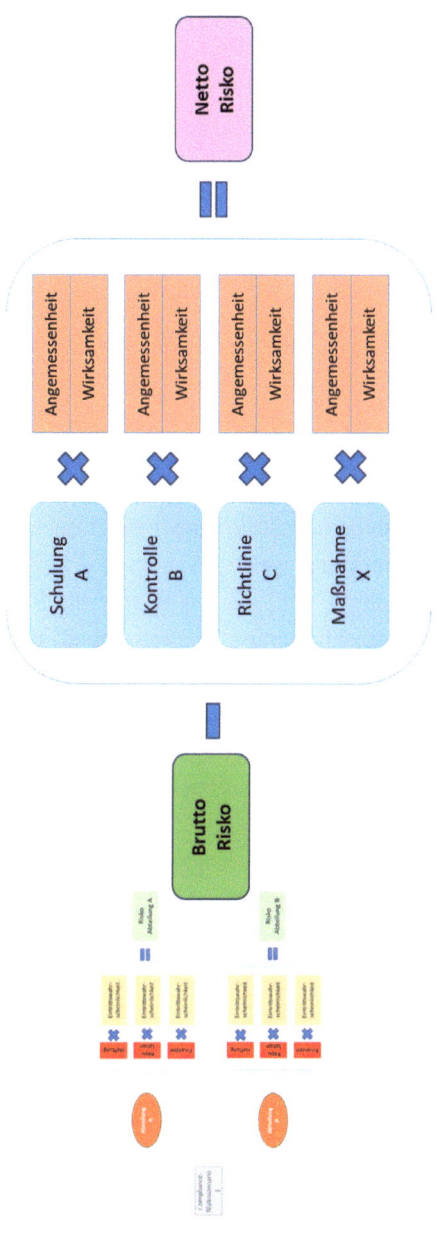

Das soll erstmal die letzte Komplexität unserer allgemeinen Risikoanalyse sein. Fühlen Sie sich frei, weitere zu erfinden, die für Sie und Ihr Unternehmen Sinn machen. Wenn man aber ein offenes Risiko erkennen will, muss man vorhandene Maßnahmen berücksichtigen und diese kann man meiner Meinung nach nur entsprechend berücksichtigen, wenn man sich auch der Angemessenheit und Wirksamkeit dieser Maßnahmen bewusst ist.

Angemessenheit

Die Angemessenheit von Maßnahmen gibt Auskunft über deren grundsätzliche Eignung zur Risikoreduktion in Bezug auf ein vorliegendes Risikoszenario. Insbesondere wird mit der Angemessenheit beurteilt, ob die Maßnahmen bestimmten Anforderungen entsprechen, um zur Reduzierung eines Risikos beitragen zu können. Es geht somit um generelle Voraussetzungen zur Eignung und Ausgestaltung von Maßnahmen, die dem Eintritt des Risikos entgegenwirken können. Eine allgemeine Schulung zum Datenschutz kann grundsätzlich angemessen sein. Für das Personalwesen oder die Buchhaltung, welche mit sensiblen Daten arbeiten (Bankdaten, Gesundheitsdaten, etc.) wäre eine spezielle Schulung allerdings besser. Die Angemessenheit muss in diesen Abteilungen also geringer eingeschätzt werden.

Eine Kontrolle des Lieferscheins im Abgleich mit der Warenbestellung ist nur teilweise angemessen (oder auch nicht), wenn die tatsächlich gelieferte Ware gar nicht kontrolliert wird. Erkennt ein Lieferant, dass nur der Lieferschein kontrolliert wird, allerdings nicht die tatsächlich gelieferte Ware, eröffnet dies Möglichkeiten für Betrug. Wird auch die Verwendung der bestellten Ware im Unternehmen nicht nachvollziehbar dokumentiert und kontrolliert, fällt ein Verlust womöglich nicht mal auf. Eine vermeintliche Kontrolle, die sich als nicht angemessen herausstellt, kann daher auch nicht zur Reduzierung des Risikos herangezogen werden - im Grunde kann man sich die ganze Kontrolle dann sparen. Hier muss also unbedingt nachgebessert werden.

Wirksamkeit

Die Wirksamkeit bezeichnet, in Abgrenzung zur Angemessenheit, die Beurteilung einer Maßnahme bezogen auf die tatsächliche Umsetzung entsprechend der Planung und die mit der Maßnahme beabsichtigte Wirkung. Die Wirksamkeit folgt im Grunde der Angemessenheit, denn wenn eine Maßnahme nicht angemessen ist, kann sie auch nicht wirksam sein. (Zutrittskontrollen für das Bürogebäude zur Verhinderung von „unbefugtem Zugriff auf Kundendaten" mögen zwar für sich genommen wirksam sein, für Kollegen im Home-Office sind die aber überhaupt nicht angemessen und können das Risiko entsprechend nicht mitigieren).

Nehmen wir eine Richtlinie, die sehr gut und verständlich geschrieben ist. Grundsätzlich eine absolut angemessene Maßnahme, um einen Arbeitsablauf zu verstehen und einheitlich umzusetzen. Hängt diese ausgedruckt am schwarzen Brett, neben den Kleinanzeigen von Kollegen und dem Speiseplan der Kantine, ist die Wirksamkeit je nach Unternehmensgröße, Kultur, Anzahl der Richtlinien usw. höchst unterschiedlich zu bewerten. Wie stark frequentiert ist das schwarze Brett? Wie umfangreich ist die Richtlinie? Wie lange hängt das Exemplar dort schon und ist es die aktuelle   Version?
In manchen Unternehmen hat die Nähe zum Kantinenplan ggf. sogar eine positive Auswirkung auf die Wirksamkeit, da sie dann häufiger gesehen wird. Aber wie wird sichergestellt, dass wirklich jeder die Richtlinie gelesen und verstanden hat?

Die Beurteilung der Wirksamkeit ist also wieder sehr individuell. Sie lässt sich aber häufig auch messen, was für die Beurteilung hilfreich sein kann. Stichproben von einem klassischen 4-Augen-Prinzip, Lesebestätigungen oder sogar kleine Tests bezogen auf die Inhalte einer Richtlinie, Feedback-Umfragen – mit der zunehmenden Digitalisierung und leicht zu nutzenden und Tools lässt sich eine gute Datenbasis für die Wirksamkeitseinschätzung etablieren.

Gedanken zur Risikoanalyse

Welche Komplexität für Sie Sinn macht, können nur Sie selbst entscheiden. Die hier vorgestellte Variante kann lediglich eine Grundlage sein und helfen, die Systematik hinter Risikoanalysen zu verstehen. Am Ende kommt es darauf an, dass Sie einen Nutzen aus der Risikoanalyse ziehen. Wenn Sie neu im Unternehmen sind, kann die allgemeine Risikoanalyse z.B. dabei helfen, insgesamt ein "Gefühl" oder einen Überblick für das Unternehmen und das Risikoverständnis zu bekommen. Offene Flanken können hierdurch veranschaulicht werden und helfen somit in der Argumentation alte Richtlinien mal wieder zu Aktualisieren oder Schulungen regelmäßig durchzuführen.

Unter Compliance Leuten wird häufig der Sinn von Brutto Risiken diskutiert, denn ein Unternehmen ohne jegliche risikomindernde Maßnahmen dürfte nur in der Theorie existieren. Es gäbe dort keine festen Prozesse, keine Richtlinien, keine Organisation und kein Mitarbeiter wüsste so wirklich, wie sein Job eigentlich funktioniert. Insbesondere, wenn man neu in der Branche ist, das Unternehmen noch im Aufbau ist oder Kapazitäten nicht ausreichend sind sich mit allen Compliance Themen zu beschäftigen, kann eine Einschätzung des Brutto Risikos helfen sich erstmal auf die vermeintlich größten Risiken zu fokussieren.

Auch bei Ihrer Risikoanalyse kann ich nur empfehlen: Fangen Sie klein an. Komplexität lässt sich nach und nach erhöhen, wo es Sinn macht. Bewerten Sie bei einem Update nicht nur die Maßnahmen neu, sondern denken Sie auch noch mal über das Risikoszenario nach. Gibt es ggf. neue Risikoszenarien? Versuchen Sie, die Risikoanalyse laufend zu aktualisieren. Gibt es eine neue Schulung? Nehmen Sie diese direkt in die Analyse mit auf und nicht erst in 8 Monaten beim nächsten regulären Update. Eine neue gesetzliche Vorgabe ist umzusetzen? Lassen Sie das daraus resultierende Risikoszenario direkt in die Analyse einfließen. Sie können die Risikoanalyse zu einem sehr zentralen Element ihrer Compliance Funktion ausbauen.

Das Rechtsmonitoring ist ein wichtiger Baustein in einem sich ständig verbessernden Compliance Management System und kann sogar den spannendsten Teil der Compliance Arbeit ausmachen. Das Rechtsmonitoring soll sicherstellen, dass man immer die aktuellen Gesetze oder sonstige Vorgaben berücksichtigt. Es ist dafür zuständig, dass man immer up to date bleibt.

Veränderung ist Teil unserer Welt und die Lösungen, die in der Vergangenheit entwickelt wurden, müssen mit dieser Entwicklung Schritt halten oder neu gedacht werden. Sonst glaubt man zwar, Prozesse im Haus zu haben, die compliant sind, hat aber eine Gesetzesänderung übersehen, die vom aktuellen Prozess nicht abgedeckt wird.

Manchmal ergeben sich so auch Prozessoptimierungen oder Vereinfachungen - eine Berichtspflicht, die bisher immer in Schriftform gefordert wurde, kann nun auch digital übermittelt werden. Eine Kennzeichnungspflicht für ein bestimmtes Produkt entfällt oder ein vorgeschriebenes Prüfungsintervall verlängert sich.

Das Rechtsmonitoring hilft auch, rechtzeitig auf Regeländerungen reagieren zu können, sodass man nicht beiläufig von einer Änderung überrascht wird und jetzt unter Zeitdruck eine Lösung basteln muss - das Rechtsmonitoring ist demnach Teil der Frühwarnfunktion, die die Compliance Funktion innehat.

Achten Sie auch beim Rechtsmonitoring darauf, dass dieses auf Ihre zugewiesenen Compliance-Themen abgestimmt ist. Neue Lebensmittelverordnungen für die Kantine oder Hygienevorschriften für Büroräume dürften vermutlich nicht zu Ihren zu beobachtenden Rechtsgebieten gehören.

Quellen

Woher kommen also die Informationen, die für das Rechtsmonitoring benötigt werden? Erster Ansprechpartner könnte ihre Stamm-Kanzlei sein. Fragen Sie dort nach einem allgemeinen Kunden-Newsletter. Auch Branchenverbände informieren häufig über Newsletter zu aktuellen

Rechtsänderungen. Die großen Beratungshäuser oder ggf. auch spezielle Beratungsagenturen für Ihre Branche bieten Newsletter und oft auch kurze kostenlose Schulungen zu neuen Themen an. Natürlich wird hier auch die Beratungsleistung beworben, aber für einen ersten Einblick in ein neues Thema kann ich diese kostenlosen Webinare grundsätzlich empfehlen.

Der Austausch mit Kollegen von anderen Unternehmen der gleichen Branche kann auch sehr hilfreich sein. Die reine Diskussion von Rechtsänderungen fällt zum Beispiel nicht unter das Kartellrecht. Seien sie jedoch im Gespräch immer vorsichtig, keine unternehmensinternen Informationen oder konkrete Umsetzungsempfehlungen auszusprechen. Am besten sind solche Gespräche mit Branchenkollegen auf entsprechenden Branchen-Messen oder ähnlichen Foren möglich. Häufig finden sich dort auch gleich Experten, die beim Verstehen oder der Umsetzung neuer Rechtsänderungen helfen können.

Empfehlen kann ich auch den Service von www.buzer.de, wobei sich das Angebot schon eher an Juristen richtet. Um über Änderungen in einem Sachgebiet informiert zu werden und dann gezielt danach zu googlen hilft aber schon mal. Tatsächlich lassen sich über google heute zahlreiche Einordnungen diverser Kanzleien zu einem konkreten Thema finden und daraus leichter Maßnahmen für das eigene Unternehmen ableiten.

Da unsere Gesellschaft dazu neigt, eher mehr als weniger zu regeln, ist daraus ein gesamter Industriezweig erwachsen. Sogenannte Reg-Tech Unternehmen bieten ein zielgerichtetes, teilweise auf Ihr Unternehmen angepasstes, Rechtsmonitoring als IT-Lösung an. Häufig auch mit zusätzlichen Services wie einer ersten Einordnung der Implikationen auf Ihre Branche oder sogar auf Ihr Unternehmen. Schauen Sie sich daher ruhig mal 1-2 Anbieter an und lassen Sie sich deren Lösungen vorstellen. Hier lassen sich ggf. auch Ideen zu den folgenden Schritten ableiten, wenn eine Rechtsänderung für Ihr Unternehmen relevant ist.

Spread the Word - Informationsverteilung

Sie haben also zahlreiche Quellen angezapft, um nichts zu verpassen und lesen verdammt viele Newsletter - häufig mit Änderungen, die für ihr Unternehmen gar keine Relevanz haben. Vielleicht fallen Sie nicht unter den Anwendungskreis oder führen ein bestimmtes Produkt nicht. Aber es wird dennoch vorkommen, dass Sie tatsächlich eine neue Regelung entdecken, von der Ihr Haus betroffen ist - oder hoffentlich betroffen sein wird und noch genügend Zeit zur Umsetzung ist.

Es ist Zeit die frohe Kunde zu verbreiten. Überlegen Sie sich, wer noch an dieser neuen Info interessiert sein könnte. In wessen Verantwortungsbereich fällt diese Neuerung? Wer wird seine Prozesse anpassen müssen? Wer ist für ein betroffenes Produkt verantwortlich? Hat das Gesetz ggf. Auswirkungen auf das ganze Unternehmen oder spürbare Auswirkungen auf Umsatzziele?

Um zielgerichtet passende Adressaten zu finden, sollten Sie einen guten Überblick über Zuständigkeiten im Unternehmen haben. Ansonsten empfehle ich: Nachfragen! Hoffen Sie nicht darauf, die Information einfach an alle zu schicken und wer sich angesprochen fühlt, wird sich schon melden. Je größer ein Verteiler, desto weniger fühlt sich der Einzelne für etwas zuständig.

Gehen Sie lieber konkret auf Kollegen zu und fragen aktiv nach Rückmeldung.

"Hat dieses Gesetz Auswirkungen auf dein Produkt A?"

"Müssen wir unsere Dokumentation aufgrund der neuen Vorschrift anpassen?"

"Sollten wir unsere Dienstleister fragen, ob sie sich an die neue Vorgabe halten?"

Kommunikation und Austausch sind wichtig. Als Compliance Officer oder Zuständige für das Rechtsmonitoring, können Sie der am besten vernetzte Mitarbeiter werden, da neue Regelungen einfach jede Abteilung im Unternehmen treffen können.

Ob nun das persönliche Gespräch, ein Team-Meeting, E-Mail weiterleiten, ein extra Rechtsmonitoring-Tool mit Workflowsystem… die Art und Weise der Informationsverteilung hängt stark von Branche, Unternehmensgröße und Kultur ab.

Projektsteuerung / -überwachung

Jetzt kommt der spannende Teil - die Umsetzung. Denn Gesetze, Vorschriften oder sonstige Vorgaben sind eines meist nicht - besonders konkret. Vieles ist allgemein gehalten oder auslegungsbedürftig. Manche Vorschriften strotzen nur so von Rechtsbegriffen und Verweisen, dass man ohne juristischen Beistand kaum einen Satz versteht. Wohingegen andere Vorschriften lieber das blumige Vokabel-Potpourri der unbestimmten Rechtsbegriffe ausschöpfen und man in mehrere Richtungen abbiegen kann. Darum springen Beratungsagenturen auch gerne auf den Zug der neuen Gesetze und Vorschriften auf, da sich mit dem Unbekannten wieder ein neuer Beratungsauftrag gewinnen lässt.

Und dieses Geschäftsgebaren will ich auch gar nicht verurteilen. Häufig hilft es, sich in der Umsetzung beraten zu lassen, wenn man sich tatsächlich mit der Umsetzung überfordert fühlt und mit dem Verstoß gegen das neue Gesetz ein hohes Risiko einhergeht. Erwarten Sie aber keine Wunder oder individuelle Lösungen. Das Gesetz ist nämlich auch für die Berater neu! Ein kluges Berater-Team hat sich über das Gesetz Gedanken gemacht und mögliche Umsetzungen zusammengeschnürt und dieses Lösungspaket wird nun als Beratungsleistung verkauft. Das alles ist kein Hexenwerk und derjenige, der ihr Unternehmen, die Kultur und die internen Prozesse noch am besten kennt, sind SIE. Oder eben ein Team interner Kollegen. Ohne diese kann auch der Berater keine angemessene Beratung liefern. Darum kann ich nur empfehlen, sich selbst Gedanken zu machen, Lösungen durchzuspielen, im Netzwerk umzuhören, das Internet zu durchforsten und sich bei Unsicherheit dann einen Berater zu suchen. Oder auch, wenn Kapazitäten für die Umsetzung fehlen oder in der gegebenen Zeit nicht ausreichen. Vertrauen Sie nicht blind auf

Standardlösungen, denken Sie immer mit und ggf. einen Schritt weiter. Auch das kann ihrem Unternehmen einen kleinen Wettbewerbsvorteil geben.

Nun ist also ein Projektteam gefunden. Betroffene Bereiche sind identifiziert und relevante Mitarbeiter erarbeiten nun die konkrete Lösung. Was ist also die Rolle der Compliance Funktion? Es passiert immer wieder - man kann es schon fast als Reflexhandlung bezeichnen - dass jemand sagt: "Das ist doch ein Compliance Thema." gepaart mit der Erwartungshaltung, dass Compliance auch dafür zuständig ist, das Thema umzusetzen - schließlich hat die Abteilung ja schon genug mit dem täglichen Geschäft zu tun.

Das Argument ist nachvollziehbar, wenn auch falsch. Denn der Kollege sieht erstmal nur dieses eine Umsetzungsprojekt. Und vermeintlich kennt sich die Compliance ja am besten aus, denn von dort kommt die Information ja. Compliance hat allerdings auch eine Überwachungsfunktion. Und wie sollen wir etwas überwachen, was wir selbst umgesetzt haben? Wie kann man vom Compliance Officer erwarten ein Projekt zu leiten, welches neue Produktvorgaben umsetzt, ein weiteres Projekt zur Verbesserung des Mitarbeiterdatenschutzes und ein Drittes zur Änderung der Reinigungsabläufe aufgrund einer neuen Hygieneverordnung? Es ist schon viel verlangt, überhaupt einen Überblick über all diese Bereiche zu haben und neue Regelungen insoweit zu verstehen, dass diese Auswirkungen auf einzelne Abteilungen haben können. Und Compliance sollte diese Projekte auch weiterhin begleiten und das Umsetzungsteam so weit wie möglich beraten. Aber wie genau eine Vorschrift umgesetzt wird, liegt in der Verantwortung der zuständigen Führungskraft. Denn sehr häufig gibt es eine Minimallösung, eine Best-in-Class - Lösung, irgendwas dazwischen oder auch Lösungen im Graubereich. Jede Lösung hat Auswirkungen auf z. B. Effizienz, Kosten, Dauer und akzeptables Risiko. Diese Verantwortung kann nicht bei Compliance liegen. Sie muss bei der Führungskraft liegen - sonst kommt die Führungskraft ihrer Verantwortung nicht nach. Compliance hilft Risiken zu verstehen und einschätzen zu können. Compliance selbst verantwortet Risiken nie – diese Verantwortung verbleibt immer im betroffenen Bereich.

Versuchen Sie, Ihre Rolle in jedem Projekt zu finden. Vielleicht haben Sie auch gute Ideen zur Umsetzung, sind an einem Thema besonders interessiert und wollen ein Projekt enger begleiten. Entscheidungen liegen aber niemals bei Ihnen. Und die Überwachung, dem Risikoappetit des Unternehmens angemessene Lösungen rechtzeitig umzusetzen, liegt auf jeden Fall bei der Compliance. Darum sollte der Projektfortschritt regelmäßig auch an Compliance gemeldet werden.

Dokumentation

Das Rechtsmonitoring sollte ordentlich dokumentiert werden. Auch wenn keine relevanten Rechtsänderungen eintrudeln, sollten Sie die entsprechenden Mails und Unterlagen nicht einfach löschen. Schaffen Sie sich zumindest ein Ablagesystem. Schreiben Sie kurze Notizen zu neuen Regelungen, die am Ende zwar nicht relevant waren, aber mit denen Sie sich näher beschäftigt haben, um die Relevanz zu evaluieren. Alles, was in diese Kategorie fällt sollte wiederauffindbar abgelegt werden.

Warum der ganze Aufwand? Stellen Sie sich vor, Sie haben sich mit einem neuen Gesetz beschäftigt und sind zu dem Schluss gekommen, dass es nicht für Ihr Unternehmen anwendbar ist, weil eine Ausnahme in §26 anwendbar ist. 3 Monate später hört ihr Chef beiläufig auf einer Konferenz von diesem neuen Gesetz und fragt Sie aufgeregt, warum Sie davon noch nicht berichtet haben. Das Gesetz schon längst aus Ihrem Gedächtnis gelöscht, erinnern Sie sich nur noch, dass Sie es als nicht anwendbar eingeschätzt haben. Warum wird aber auf der Konferenz darüber diskutiert? Haben Sie etwas übersehen? Immer gut, in solchen Fällen auf ein ordentliches Ablagesystem zurückgreifen zu können und sich nicht erneut durch das Gesetz bis §26 arbeiten zu müssen und die Ausnahme wiederzuentdecken.

Relevante Rechtsänderungen sollten entsprechend mit der Projektdokumentation verknüpft werden oder zumindest das Feedback und die Umsetzungsentscheidung des verantwortlichen Mitarbeiters bei kleineren Änderungen, die nicht direkt ein großes Projekt benötigen, dokumentiert werden. Jede Dokumentation, die Sie hier bereits anfertigen, können Sie später für den Compliance Bericht einfach wieder hervorholen.

Muss man hierfür nicht Jurist sein?

Wie im Kapitel über den Compliance Officer beschrieben, sind juristische Grundkenntnisse absolut hilfreich und für den Rechtsmonitoring-Part auch sehr hilfreich. Aber auch ein Jurist muss sich in neue Rechtsvorschriften erst einlesen. Niemand beherrscht alle Rechtsvorschriften gleich gut und es gibt sehr sehr viele Rechtsgebiete und Spezialisierungen. Auch ein Jurist wird in einigen Themen Hilfe oder die Einschätzung eines Kollegen benötigen. Wie bei den Quellen bereits erwähnt, gibt es zahlreiche externe Anbieter und kostenlos zugängliche Ersteinschätzungen im Internet zu finden. Lassen Sie sich nicht vom Begriff Rechtsmonitoring abschrecken, wenn Sie kein Jurist sind.

Die Spielregeln zu kennen, ist ein sehr großer Teil der Compliance Arbeit. Und niemand kennt die Spielregeln aller Spiele auswendig. Gerade bei neuen Spielen muss jeder erstmal einen Blick in die Anleitung werfen und sich damit vertraut machen. Hierfür kann man sich auch externe Hilfe holen. Aber irgendwann kennt man das Spiel und muss nur noch selten oder auch gar nicht mehr in die Regeln schauen.

Rechtsänderungen sind umgesetzt, Risiken analysiert, Kontrollen eingeführt, Richtlinien geschrieben. Und nun? Zur Überwachungsaufgabe gehört es, das System "am Leben zu halten". Keine leichte Aufgabe, hier das richtige Maß zu finden. Denn Sie wollen ja nicht bei jeder Kontrolle zuschauen und live dabei sein. Es müssen also sinnvolle und angemessene Möglichkeiten gefunden werden, zu zeigen, dass die eingeführten Maßnahmen tatsächlich regelmäßig umgesetzt werden und auch weiterhin ihren Zweck erfüllen.

Es müssen also Berichtswege zur Compliance Funktion gebaut werden.
- **Kontrolldokumentation**
  Erfolgt eine Kontrolle digital, z. B. durch einen Freigabeprozess? Dann haben sie im Grunde einen sehr guten "Compliance by Design" Prozess etabliert. Ohne die Freigabe in einem System läuft der Prozess nicht weiter. Warum sich also über jede Kontrolle einen Bericht senden lassen? Eine Auswertung in einem geeigneten Zeitrahmen über die Anzahl der Prozesse und Anzahl der Freigaben sollte ausreichen. Oder die Bestätigung, dass der Prozessablauf / Workflow nicht geändert wurde. Wann immer es möglich ist, eine Kontrolle digital in einem festen Ablauf einzubinden - machen! Das ist die sicherste, am schwierigsten zu umgehende und am besten zu überwachende Maßnahme.

  Erfolgt eine Kontrolle nicht digital, lassen Sie sich einen regelmäßigen Bericht vom Kontrollverantwortlichen geben. Ziehen Sie sich bei Bedarf eine Stichprobe oder vereinbaren Sie regelmäßige Gespräche und protokollieren Sie diese.

- **Richtlinien**
  Jede Art von Richtlinien benötigt eine regelmäßige Überprüfung. Mindestens jährlich sollten diese auf Aktualität überprüft werden. Überlegen Sie auch, welche Gesetze oder sonstige

Vorgaben mit einer Richtlinie in Verbindung stehen. Sollte sich etwas an der Regulatorik ändern, sollten Sie ad hoc auch die entsprechende Richtlinie überprüfen und anpassen. Auch wenn Sie sich sicher sind, dass weder der rechtliche Rahmen noch ein Prozess geändert wurde, lohnt es sich, die Richtlinie noch einmal vollständig zu lesen. Vielleicht fallen Ihnen jetzt Unklarheiten auf, Beschreibungen, die besser formuliert werden könnten. Eine regelmäßige Überprüfung kann also auch zur Qualitätsverbesserung dienen.

- **Schulungen**
Ebenso wie Richtlinien sollten auch Schulungsinhalte jährlich überprüft werden. Häufig gibt es auch Zusammenhänge zwischen Richtlinien und Schulungen, wenn Vorgaben z.B. so komplex sind, dass die bloße Richtlinie nicht ausreicht oder das Risiko zu groß ist, sodass man zur Richtlinie noch eine Schulungsmaßnahmen anbietet, um alle Unklarheiten zu beseitigen. Und auch hier gilt: Vielleicht hat sich am Umfeld nichts getan, aber die Qualität der Schulungsinhalte könnte verbessert werden - und wenn es nur das Design oder verwendete Bilder sind, die ein Update vertragen könnten.

In einem Modell der 3 Verteidigungslinien zeigt sich hier die klare Abgrenzung zur internen Revision. Compliance überwacht möglichst alle Maßnahmen auf Umsetzung durch verschiedene Berichtswege und -formen, im besten Fall in Echtzeit. Die Revision kontrolliert ausgewählte Prozesse sehr detailliert und rückblickend.

Je mehr Compliance Prozesse, Kontrollen, Schulungen etc. im Unternehmen eingeführt werden, desto mehr gibt es auch zu überwachen. Größere Compliance-Organisationen haben daher häufig Mitarbeiter, die ausschließlich überwachen bzw. die "Assurance" sicherstellen. Neben dem Compliance Plan wird dann auch ein gesonderter Überwachungsplan angefertigt, um sich auf kritische Prozesse oder ältere Maßnahmen zu fokussieren.

Plan Do Check Act

Auch wenn das nicht klassischerweise in die Compliance Überwachung fällt und es schwer ist, sich selbst zu überwachen, schauen Sie auch auf ihre eigenen Prozesse und alles, was sie sich so vorgenommen haben und ob sie das wirklich noch alles genauso wie geplant umsetzen. Das Plan-Do-Check-Act (PDCA)-Modell ist ein bewährtes Instrument im Qualitätsmanagement, das sich auf kontinuierliche Verbesserung konzentriert. Der Zyklus beginnt mit der Planungsphase, in der Ziele und Prozesse definiert werden. Als nächstes folgt die Durchführung (Do), in der die geplanten Maßnahmen umgesetzt werden. Anschließend wird der Prozess überprüft (Check), um zu analysieren, ob die Ziele erreicht wurden und ob Anpassungen erforderlich sind. Schließlich erfolgt die Handlung (Act), bei der die Erkenntnisse aus der Überprüfung genutzt werden, um Verbesserungen vorzunehmen und den Zyklus erneut zu durchlaufen. PDCA fördert somit eine iterative Vorgehensweise, die kontinuierliche Lern- und Verbesserungsprozesse unterstützt.

PDCA sollten Sie immer im Hinterkopf behalten und den "Check" am besten auch als konkrete Aufgabe in Ihren Compliance Plan integrieren. Planen Sie also von Anfang an Kapazitäten / Zeit ein, um sich selbst und Ihr Compliance Management System zu reflektieren und stetig zu verbessern.

Der Compliance Bericht

Der Compliance Bericht ist ein wichtiges Instrument, um Ihre Tätigkeiten transparent zu machen und die Entscheider und Verantwortlichen Stellen oder Personen in Ihrem Unternehmen über die Tätigkeiten der Compliance Funktion zu informieren.

Empfänger des Compliance Berichts sollten mindestens die Geschäftsführer sein, denn diese sind letztendlich für Compliance-Verstöße haftbar. Es kann aber auch sinnvoll sein, den gesamten Bericht oder zumindest Auszüge daraus anderen Leitenden Personen oder sogar der gesamten Belegschaft zukommen zu lassen. Häufig bleiben Compliance Officer im Hintergrund und für viele Kollegen sind die Aufgaben der Compliance nicht greifbar. Ein Bericht über die Tätigkeiten, Erkenntnisse und Erfolge kann hier zu mehr Transparenz und Verständnis für die Rolle des Compliance Officers führen. Andere Bereiche berichten ggf. auch über Erfolge, wie einen neuen großen Kunden gewonnen zu haben oder eine gesteigerte Produktionsleistung etc. Compliance ist ein wichtiger Baustein einer erfolgreichen Firma, daher sollten sie zumindest überlegen, ob der Compliance Bericht auch ein Sprachrohr in die Belegschaft sein kann.

Der Empfängerkreis ist natürlich auch abhängig vom Inhalt Ihres Berichts. Wesentliche Risiken, die Sie erkannt haben, können zu unnötiger Unruhe führen oder zu Missverständnissen bezüglich der Kompetenz oder Prioritäten einzelner Abteilungen oder Personen. Daher sollte der Compliance Bericht grundsätzlich vertraulich behandelt werden und eine erweiterte Freigabe von der Unternehmensleitung abgesegnet sein.

Als Turnus ist zwischen monatlich und mindestens einmal jährlich alles möglich. Beim jährlichen Bericht hat man manchmal den Nachteil, dass man alte Risiken wieder ins Gedächtnis rufen muss, obwohl diese schon längst mit allen Akteuren besprochen und erledigt sind. Ansonsten bietet der jährliche Bericht die Möglichkeit, ein Jahr umfassend Revue passieren zu lassen und alle Tätigkeiten, Erfahrungen und Erkenntnisse zu bündeln und ggf. daraus Verbesserungsvorschläge für die eigene Arbeit zu entwickeln. Ein monatlicher Bericht wiederum hat den Vorteil, dass man einen ständigen Kontakt zur Geschäftsleitung hat und aktuelle Themen bespricht. Allerdings kann man sich so auch im Klein-Klein verzetteln und eher unwichtige Dinge berichten, weil es sonst nichts zu berichten gibt. Ist ein schriftlicher Bericht gewünscht, erhöht dies auch ungemein die nötige Kapazität, einen monatlichen Bericht anzufertigen. Empfehlen kann ich einen monatlichen mündlichen Status oder Update Bericht und einen quartärlichen oder halbjährlichen etwas umfassenderen schriftlichen Bericht. Zumindest einen schriftlichen Bericht sollten Sie auf jeden Fall anfertigen und der Geschäftsführung vorlegen, sofern in Ihrer Unternehmensform auch der Compliance Officer unter Umständen haftbar ist. Der Bericht ist dann im Grunde die dokumentierte Information in Richtung Geschäftsleitung.

Daher sollten Sie mindestens über wesentliche Compliance Risiken informieren, die einen Handlungsbedarf erkennen lassen. Auch zukünftige Änderungen des Rechtsumfelds (neue Gesetze, Verordnungen etc.) - also wesentliche Erkenntnisse aus Ihrem Rechtsmonitoring - sollten im Bericht erwähnt werden, da hier meist der höchste Handlungsbedarf <u>vor</u> Inkrafttreten erforderlich ist und die Geschäftsleitung Kapazitäten einplanen muss.

Ansonsten schlage ich beispielhaft folgenden Aufbau vor:
- **Berichtszeitraum**
  Welcher Zeitraum wird im Bericht abgedeckt? Zum Beispiel vom 01.01.xx   bis   31.12.xx

- **Kontext**
  Warum wurde dieser Bericht überhaupt erstellt? Ist es ein planmäßiger, regulärer Bericht oder ein ad hoc Bericht aufgrund eines hohen Risikos mit dringendem Handlungsbedarf? Insbesondere bei externen Prüfungen ist der Bericht für den Prüfer so leichter einzuordnen.

- **Entwicklungen   der   Compliance   Organisation**
  Was ist insbesondere auf personeller Ebene passiert? Gibt es

neue Mitarbeiter, geplante oder abgeschlossene Qualifikationen, mehr Kapazitätsbedarf, Probleme mit der Ausstattung, notwendige IT Tools etc. Die Compliance Funktion ist eine eigenständige Abteilung, also geben Sie auch ein Update, wie effektiv Ihre Abteilung aktuell ist und was Sie ggf. benötigen. Geben Sie gerne auch einen Ausblick in die Entwicklung und Ihre Pläne für die Compliance Organisation. Zeigen Sie Verantwortung und Gestaltungswillen.

- **Aktuelle Prioritäten**
  Sie haben mal einen Compliance Plan aufgestellt, der von der Geschäftsleitung verabschiedet wurde. Geben Sie ein Update zu den einzelnen Themen bzw. zu den Themen und Aufgaben, mit denen Sie sich im Berichtszeitraum befasst haben.

- **Wesentliche Risiken**
  Wenn offene Risiken mit Handlungsbedarf bestehen, dann sollten diese explizit genannt und eine Entscheidung zum weiteren Vorgehen eingefordert werden.

- **Compliance Verstöße**
  Gab es konkrete Verstöße, die der Geschäftsleitung mitgeteilt werden sollten? Was ist passiert (Impact)? Wie konnte es passieren (unwirksame Maßnahmen)? Wie wird ein erneuter Verstoß verhindert? Insbesondere bei konkreten Verstößen sollte der Mitarbeiterschutz beachtet werden und bevor ein Kollegen explizit erwähnt wird oder Rückschlüsse auf diesen möglich sind, ist im Vorfeld die Führungskraft und ggf. der Betriebsrat & Datenschutz zu konsultieren.

- **Rechtsmonitoring**
  Welche Rechtsänderungen kommen auf das Unternehmen zu? Geben Sie eine kurze Zusammenfassung und ggf. welche Implikationen diese Änderungen haben können. Wenn noch nicht

geschehen, adressieren Sie notwendigen Handlungsbedarf und Zuständigkeiten für die Umsetzung.

- **Compliance Plan**
  Falls ein Update des Compliance Plans nötig ist, weil sich der Planungszeitraum dem Ende neigt oder weil sich Prioritäten geändert haben oder ad hoc ungeplante Aufgaben hinzugekommen sind, machen Sie diese Änderungen transparent und lassen sich die Änderungen am Compliance Plan bestätigen.

Es ist geschafft. Hausbesichtigung abgeschlossen. Alle Räume erkundet. Zeit, die Nachbarn kennenzulernen. Denn was nützt uns ein robustes Management System, das völlig abgekapselt von anderen Abteilungen besteht. Die Idee ist, Trigger zu definieren, bei denen Compliance aktiviert wird und die richtigen Abteilungen einzubinden, damit diese rechtzeitig informiert sind oder notwendige Kapazitäten einplanen können.

Trigger

Trigger sind externe Auslöser, die Compliance aktivieren. Bisher waren fast alle Tätigkeiten im Compliance Haus sehr geplant und strukturiert. Strukturiertes Arbeiten ist für Compliance grundsätzlich wichtig. Insbesondere, wenn ungeplante Ereignisse Prioritäten verschieben. Damit keine Hektik ausbricht und kein Chaos in den Räumen Ihres Compliance Hauses entsteht, sollte man sich entsprechend auch im Vorfeld Gedanken zu den möglichen externen Auslösern machen und wie mit diesen umgegangen wird.

Was kann passieren, was zumindest eine Information an Compliance notwendig macht? Wo sollte Compliance eingebunden werden, um ein Risiko einzuschätzen oder zu beraten? Manche Auslöser, wie z.B. das Rechtsmonitoring, hat Compliance selbst auf dem Schirm. Andere, wie ein Outsourcing / eine Ausgliederung von Dienstleistungen des Unternehmens an eine externe Firma, haben ihren Beginn in anderen Abteilungen. Der Einkaufsabteilung, zum Beispiel, muss also bekannt sein, in welchen Einkaufsprozess Compliance einzubinden ist - oder andersherum, Sie müssen sich in deren Prozess integrieren.

Mögliche Trigger für Compliance sind:

- **Betrug**

   Je nachdem welche Rolle Compliance bei einem aufgedeckten Betrug einnimmt (Investigation, Koordination, etc.), muss der Meldeweg klar und jedem bekannt sein. Einen groben Ablaufplan bei einem Betrugsverdacht finden Sie im Exkurs.

- **Neue Produkte**

  Neue Produkte können Auswirkungen auf operative Geschäftsprozesse haben, Sicherheitsmaßnahmen müssen erfüllt und der
  Verbraucherschutz berücksichtigt werden. Vielleicht gibt es einen neuen Vertriebsweg, neues Marketing, etc. Neue Produkte
  sind immer spannend und haben meist zahlreiche Anknüpfungs-
  punkte in vielen Abteilungen. Darum sollte auch Compliance
  rechtzeitig über neue Produkte informiert werden.

- **Outsourcing**

  Soll der First-Level-Support an eine externe Firma übertragen
  werden oder ist das Hosting und die Pflege der Unternehmens-
  website an eine Marketing Agentur ausgegliedert? Wie werden
  Informationen geteilt, behalten wir genügend Kontrolle und wer
  ist der Hauptansprechpartner? Ein Datenschutzverstoß bei einem Dienstleister bleibt weiterhin in der Verantwortung des Unternehmens. Damit keine versteckten Risiken eingekauft werden, sollte Compliance bei wichtigen Ausgliederungen involviert
  sein und auch einen Mindeststandard für die Due Dilligence bzw.
  die Sorgfaltspflichten bei der Auswahl eines Dienstleisters vor-
  geben.

- **Neue Partner**

  Neue Zulieferer, Vertriebler, Beteiligungen, Investoren. Sie alle
  sollten zur Reputation und zum Rechtsverständnis oder Risikoappetit des Unternehmens passen. Um mögliche Auswirkungen
  auf Compliance Prozesse oder Risiken beurteilen zu können,
  muss Compliance rechtzeitig informiert werden.

- **Hinweisgebersystem**

  Compliance oder auch der Compliance Officer persönlich sollte
  der erste Kontakt für Whistleblower sein und das Whistleblowing
  System und den Ablauf bei einer Meldung verantworten. Sollte
  dies in Ihrem Unternehmen anders geregelt sein, stellen Sie sicher, dass sie bei relevanten Hinweisen eingebunden werden.

- **Beschwerden**

  Beschwerden können ein wichtiger Indikator für Schwachstellen oder Verbesserungsbedarf sein. Dies gilt insbesondere für operative Geschäftsprozesse zur Verbesserung der Kundenzufriedenheit oder Effektivität. Beschwerden können aber auch auf Compliance-Verstöße aufmerksam machen. Compliance sollte also sicherstellen, dass wenn ein Beschwerdemanagement besteht, die Dokumentation der Beschwerden ausreichend ist, um Auffälligkeiten zu identifizieren. Hierzu kann z.b. ein regelmäßiger Beschwerdebericht für Compliance erstellt werden. Dieser sollte mindestens die Beschwerdegründe in Bezug auf Produkte, Abteilungen / Mitarbeiter enthalten.

- **Rechtsänderungen**

  Der Klassiker. Neue Gesetze bringen neue Anforderungen mit sich, die im Unternehmen umgesetzt werden müssen. Klassische Compliance Aufgabe.

Schnittstellen

Compliance ist zumindest im Hintergrund in zahlreiche Unternehmensprozesse eingebunden und somit auch Kontakt für beinahe alle Abteilungen im Unternehmen. Networking und die Etablierung und Pflege von Schnittstellen zu den relevanten Personen innerhalb des Unternehmens sind daher ein sehr wichtiger Aspekt. Im Idealfall müssen Sie mit einer Compliance Risikoanalyse oder Überwachungshandlung gar keine Risiken oder Verstöße aufdecken - Ihr Netzwerk hat sie bereits darüber informiert. Nicht nur sind sie so viel schneller dabei, wenn ein "Problem" auffällt, sie erfahren es auch direkt aus erster Hand. Man nimmt Sie aktiv als Ansprechpartner wahr und zieht Sie als Berater hinzu.

Vereinbaren Sie einen regelmäßigen Austausch mit den Führungskräften / Teamleitern in Ihrem Unternehmen. Einzelgespräche sind hierbei zu bevorzugen. Eine Teilnahme an regelmäßigen Führungskräfte Meetings kann Sinn machen, um über aktuelle Entwicklungen oder Pläne auf dem Laufenden zu bleiben - in persönlichen Gesprächen und somit in einem geschützten Rahmen offenbaren Führungskräfte mögliche "Verbesserungsbedarfe" allerdings lieber.

Halten Sie sich aber nicht nur an das Management. Nehmen Sie an Firmenveranstaltungen teil und suchen Sie den Kontakt zu allen Kollegen. Häufig finden sich insbesondere in den operativen Einheiten die Experten für einen bestimmten Vorgang und neue Ideen zur Optimierung. Zeigen Sie Präsenz und nutzen Sie Möglichkeiten, Ihre Themen, aktuelle Projekte oder neue Rechtsänderungen einem größeren Teil der Belegschaft zu präsentieren. Präsenz und Zuhören schaffen Vertrauen und je mehr Optionen Sie für Mitarbeiter anbieten, mal mit Compliance zu sprechen, desto höher ist die Wahrscheinlichkeit für neue Einblicke und Erkenntnisse und Ihr eigenes Verständnis für "was gerade so los ist".

Legal & Compliance

Warum ich der Meinung bin, dass es einen dedizierten Compliance Officer geben sollte, habe ich bereits im Kapitel zu der Rolle kurz beschrieben. Und wenn sie sich bis hierhin mit den Aufgaben der Compliance und dem Compliance Management System beschäftigt haben, sollte auch offensichtlich sein, dass Compliance und Legal bzw. die Rechtsabteilung 2 Paar Schuhe sind. Doch das Grundthema ist gleich. Beide beschäftigen sich mit rechtlichen Themen. Und darum ist immer mal wieder unklar, ob eine Aufgabe jetzt eher etwas für Legal oder Compliance ist. Dies gilt insbesondere für Mitarbeiter aus anderen Abteilungen, aber selbst für die Kollegen in Legal oder Compliance ist die Trennung nicht immer eindeutig. Darum gibt es oft Teamarbeit und Kooperation zwischen beiden. Ob nun der eine den anderen berät oder als Sparringspartner einsteigt oder ob man gemeinsam ein größeres Projekt stemmt - warum nicht beide Aufgaben in einer Abteilung bündeln. Solange die Rollenprofile und Verantwortlichkeiten klar definiert sind, spricht da erstmal auch nichts gegen. Berücksichtigen sollte man jedoch die Unabhängigkeit des Compliance Officers und wie diese sichergestellt ist, wenn der Compliance Officer direkt an die Geschäftsleitung berichtet, der Chef-Jurist aber Abteilungsleiter von Legal & Compliance ist. Hier kann es unterschiedliche Prioritäten bis hin zu Interessenkonflikten geben.

Übrigens: Also grobe Abgrenzung zwischen den Rollen (Jurist oder Compliance Officer) hat sich meiner Erfahrung nach etabliert zu schauen, ob es sich in der Aufgabe eher um einen konkreten Sachverhalt (z.B. einen Vertrag) handelt (eher Legal) oder eher um einen übergeordneten Prozess (eher Compliance).

Theorie und Praxis

Sie ahnen es schon und ich habe es immer mal wieder in den einzelnen Themenbereichen angesprochen. Auch dieser Leitfaden ist ein Konzept. Es ist ein Konzept - nicht das Konzept. Zumindest aber mal ein etabliertes.

Alles was neu für ein Unternehmen ist, braucht Zeit. Gute Vorbereitung, sehr ansprechende Kommunikation und dennoch wird sich nicht alles (sofort) umsetzen lassen. Veränderung sollte sich möglichst organisch entwickeln und wie von selbst entstehen und nicht plötzlich von außen mit der Brechstange. Wir wollen niemanden schocken. Darum versuchen Sie geduldig zu sein. Mit ihren Kollegen, aber auch mit sich selbst. Nicht alles geht von jetzt auf gleich, auch wenn das Ziel und der Nutzen eigentlich offensichtlich sind. Versuchen Sie stets den Blickwinkel ihrer Kollegen einzunehmen und suchen Sie nach gemeinsamen Lösungen wo immer möglich.

Ich hoffe, Sie konnten den ein oder anderen Impuls für Ihr eigenes Compliance Management System mitnehmen. Aus den Erfahrungen von anderen (egal ob positiv oder negativ) lassen sich häufig neue Ideen ableiten oder zumindest Bestätigungen der eigenen Vorgehensweisen holen. Tauschen Sie sich mit anderen Compliance Leuten aus. Besuchen Sie Messen oder Workshops. Auch branchenfremde Compliance Kollegen haben ähnliche Probleme oder Herausforderungen und ggf. durch eine andere Unternehmenskultur völlig unterschiedliche Herangehensweisen. Bleiben Sie neugierig und teilen Sie Ihre eigenen Erfahrungen mit anderen.

Fühlen Sie sich eingeladen, mich zu kontaktieren, wenn Sie Fragen, Anmerkungen, Kritik oder einfach bloß Ihre eigenen Herangehensweisen oder Ideen besprechen wollen.

Vielen Dank für Interesse

Nils Osterhoff
nilsosterhoff@googlemail.com
https://www.linkedin.com/in/nils-osterhoff-866106164/

Exkurs

Im Buch werden einige Themengebiete angesprochen und als bekannt vorausgesetzt, mit denen man sich ebenso wie mit der Compliance noch viel detaillierter und tiefgehender beschäftigen kann. Teilweise gibt es Studienkurse und häufig auch eigene Fachliteratur zu diesen Themen. Dieser Exkurs soll lediglich einen groben Überblick verschaffen und nähere Informationen liefern, sollten Sie zuvor noch nicht tiefer in die angesprochenen Themen eingestiegen sein oder gar noch nie von diesen gehört haben.

OKR

Das Konzept hinter Operational Key Results (OKR) ist ein agiles Managementinstrument, das dazu dient, die Zielsetzung, Ausrichtung und Leistung eines Unternehmens oder Teams zu verbessern. OKRs wurden in den 1970er Jahren von Intel entwickelt und später von Unternehmen wie Google populär gemacht.

Das OKR-System besteht aus zwei Hauptkomponenten:

Objectives (Ziele): Objectives sind klare, ambitionierte und messbare Aussagen darüber, was ein Unternehmen oder Team erreichen möchte. Sie sollten inspirierend, fokussiert und erreichbar sein, aber auch so formuliert werden, dass sie Raum für Kreativität und Innovation lassen. Objectives geben die Richtung vor und dienen als "Warum" für die geplanten Aktivitäten.

Key Results (Schlüsselergebnisse): Key Results sind spezifische, messbare und zeitgebundene Kennzahlen, die den Fortschritt in Richtung der Objectives quantifizieren. Sie beschreiben, wie der Erfolg bei der Erreichung der Ziele gemessen wird. Key Results sollten anspruchsvoll, aber erreichbar sein und den Fokus auf das Ergebnis legen, nicht auf die durchgeführten Aktivitäten.

Die OKR-Methodik zeichnet sich durch einige wichtige Merkmale aus:

Transparenz: OKRs sollten für alle Teammitglieder zugänglich und einsehbar sein. Dies fördert die Transparenz innerhalb des Unternehmens und erleichtert die Ausrichtung auf gemeinsame Ziele.

Regelmäßige Überprüfung: OKRs werden in der Regel in Quartalszyklen festgelegt und überprüft. Dies ermöglicht eine kontinuierliche Anpassung der Ziele und Maßnahmen basierend auf den erzielten Ergebnissen.

Bottom-Up-Ansatz: OKRs werden oft von den Mitarbeitern selbst entwickelt, was einen stärkeren Einfluss auf die Zielsetzung und eine erhöhte Motivation zur Folge haben kann.

Agilität: OKRs sind flexibel und erlauben es, sich schnell an sich ändernde Umstände anzupassen und Prioritäten neu zu setzen.

Nutzen eines OKR-Systems:

Ausrichtung: OKRs helfen dabei, die gesamte Organisation oder Team auf gemeinsame Ziele auszurichten. Dies fördert die Zusammenarbeit und Koordination zwischen verschiedenen Abteilungen und verhindert Silo-Denken.

Fokussierung: Durch die klare Definition von Zielen und messbaren Ergebnissen werden Ressourcen gezielt eingesetzt und die Konzentration auf die wichtigsten Prioritäten erhöht.

Motivation: OKRs können die Motivation der Mitarbeiter steigern, da sie eine klare Sicht darauf haben, wie ihre Arbeit zum Gesamterfolg des Unternehmens beiträgt.

Messbarkeit: OKRs bieten eine klare Möglichkeit, den Fortschritt und die Leistung zu messen. Dies ermöglicht eine bessere Steuerung und Identifizierung von Stärken und Schwächen.

Anpassungsfähigkeit: OKRs erlauben eine schnelle Anpassung an sich ändernde Umstände und Marktbedingungen, was besonders in dynamischen und schnelllebigen Umgebungen wichtig ist.

Insgesamt bietet ein OKR-System einen strukturierten Ansatz zur Verbesserung der Unternehmensperformance und fördert eine Kultur der Agilität und Zusammenarbeit.

"Agiles Arbeiten" ist ein Projektmanagement-Ansatz, der darauf abzielt, Flexibilität, Transparenz, Zusammenarbeit und kontinuierliche Verbesserung in den Arbeitsprozessen zu fördern. Im Gegensatz zu traditionellen, starren Projektmanagement-Methoden ermöglicht Agilität eine schnellere Anpassung an sich ändernde Anforderungen und Prioritäten.

Ursprünglich entstand der Begriff "Agile" im Kontext der Softwareentwicklung. Im Jahr 2001 veröffentlichten 17 Experten das sogenannte "Agile Manifesto", in dem sie die Grundsätze und Werte der agilen Softwareentwicklung festlegten.

Das Agile Manifesto führte zur Entwicklung verschiedener agiler Methoden und Frameworks, wie z.B. Scrum, Kanban, Extreme Programming (XP) und Lean.

Ein persönliches Kanban Board ist eine einfache Methode, um den ersten Schritt in Richtung Agilität zu gehen. Es basiert auf dem Pull-Prinzip und Visualisierung von Arbeit. Mit einem Kanban Board kann man den Workflow sichtbar machen, Aufgaben priorisieren und Engpässe identifizieren.

Hier sind die grundlegenden Schritte, um mit einem persönlichen Kanban Board zu starten:
Materialien: Du benötigst ein Board (eine Pinnwand, eine Tafel oder eine digitale Variante) und Karten (Post-its oder digitale Notizen) für die einzelnen Aufgaben.

Aufgaben definieren: Schreibe alle deine aktuellen Aufgaben auf separate Karten. Diese können beruflich oder privat sein.

Spalten definieren: Überlege dir die einzelnen Phasen deines Arbeitsprozesses. Zum Beispiel könnten das sein: "To Do", "In Bearbeitung" und "Erledigt". Du kannst diese Phasen je nach Bedarf anpassen.

Aufgaben platzieren: Ordne die Karten mit den Aufgaben in die entsprechenden Spalten ein. Die "To Do"-Spalte enthält alle Aufgaben, die du erledigen möchtest.

Arbeit durchführen: Nimm dir eine begrenzte Anzahl an Aufgaben aus der "To Do"-Spalte und ziehe sie in die "In Bearbeitung"-Spalte. Konzentriere dich darauf, diese Aufgaben abzuschließen, bevor du weitere aus der "To Do"-Spalte nimmst.

Visualisieren und aktualisieren: Halte das Board stets im Blick und aktualisiere es regelmäßig. Ziehe die Karten durch die Spalten, wenn sich der Status der Aufgaben ändert.

Kontinuierliche Verbesserung: Überprüfe regelmäßig, wie gut du Aufgaben erledigst, ob Engpässe auftreten und welche Muster sich zeigen. Nutze diese Erkenntnisse, um deinen Workflow zu optimieren und kontinuierlich besser zu werden.

Das persönliche Kanban Board ermöglicht es dir, deine Arbeit zu organisieren, den Fortschritt zu verfolgen und den Fokus auf das Wesentliche zu richten. Es ist ein einfacher und praktischer Einstieg in die agile Arbeitsweise. Wenn du mehr über Agilität lernen möchtest, könntest du dich später mit anderen agilen Frameworks wie Scrum oder Lean auseinandersetzen.

Das Modell der 3 Verteidigungslinien in der Finanzindustrie ist ein Ansatz, der dazu beiträgt, Risiken in Unternehmen zu minimieren und gleichzeitig die Einhaltung von Regulierungen und Gesetzen sicherzustellen. Es
ist eine bewährte Methode, die in vielen Unternehmen in der Finanzbran-
che angewendet wird.

Die 3 Verteidigungslinien beziehen sich auf die verschiedenen Kontroll-
funktionen innerhalb eines Unternehmens. Die erste Verteidigungslinie
besteht aus den operativen Abteilungen, die direkten Einfluss auf die Ge-
schäftsaktivitäten haben. Dazu gehören zum Beispiel der Handel, das Risikomanagement und die Buchhaltung. Diese Abteilungen sind für die
Durchführung der Geschäftsprozesse verantwortlich und müssen sicherstellen, dass diese Prozesse den internen Richtlinien und externen Vorschriften entsprechen.

Die zweite Verteidigungslinie ist die Kontrollfunktion. Diese Abteilung
überwacht und bewertet die Risiken, die mit den Geschäftsprozessen ver-
bunden sind. Sie stellt sicher, dass die Prozesse angemessen gestaltet
sind und dass die erste Verteidigungslinie die internen Richtlinien und externen Vorschriften einhält. Die Kontrollfunktion arbeitet eng mit der ersten Verteidigungslinie zusammen und bietet Unterstützung bei der Identifizierung und Bewertung von Risiken.

Die dritte Verteidigungslinie besteht aus der internen Revision. Diese
Abteilung überprüft und bewertet die Effektivität der ersten und zweiten
Verteidigungslinie. Sie stellt sicher, dass die Risiken im Unternehmen angemessen erkannt, bewertet und gemanagt werden. Die interne Revision
berichtet direkt an das Management und den Vorstand und bietet Empfehlungen zur Verbesserung der Geschäftsprozesse und zur Risikominderung.

Das Modell der 3 Verteidigungslinien ist ein wichtiges Instrument zur
Steuerung von Risiken in der Finanzindustrie. Es trägt dazu bei, dass Unternehmen ihre Geschäftsprozesse effektiver gestalten, Risiken angemessen bewerten und managen sowie die Einhaltung von Regulierungen und
Gesetzen sicherstellen. Die Umsetzung dieses Modells erfordert jedoch

ein hohes Maß an Zusammenarbeit und Koordination zwischen den verschiedenen Abteilungen und Funktionen im Unternehmen.

Das Modell wird teilweise als überholt betrachtet, da die 3 Verteidigungslinien den Eindruck erwecken könnten, dass jede Linie für sich steht. Quasi als Insellösung. Die Gedanken dazu sind insofern korrekt, dass sich in der Praxis gezeigt hat, dass eine Zusammenarbeit der jeweiligen Governance Funktionen bzw. der Funktionen in den 3 Verteidigungslinien absolut sinnvoll ist. Die klare Trennung der 3 Linien verschwimmt daher insbesondere zwischen den Linien 2 & 3 und wechselt eher zu einheitlichen Prinzipien, gemeinsamen Vorgehen und Abstimmung. Wie so häufig gilt bei diesen Konzepten, dass sie eben genau das sind - theoretische Konzepte. Die Ausprägung und Umsetzung in der Praxis ist abhängig von individuellen Kriterien des Unternehmens selbst. Man kommt weder mit dem Modell der 3 Verteidigungslinien noch mit dem moderneren "3 Lines Model" umhin, den tatsächlichen Aufbau abhängig von Kapazitäten, Branche, rechtlichen Anforderungen oder Wunsch des Managements zu organisieren.

Richtlinienmanagement

1. Einleitung

Richtlinienmanagement spielt eine entscheidende Rolle in der Organisation und Steuerung von Prozessen innerhalb eines mittelständischen Unternehmens. Es ist von großer Bedeutung, klare und einheitliche Richtlinien zu schaffen, um die Transparenz, Effizienz und Compliance im Unternehmen zu gewährleisten.

2. Was ist eine Richtlinie?

Eine Richtlinie ist ein schriftliches Dokument, das die grundlegenden Prinzipien, Verhaltensregeln und Standards für spezifische Unternehmensbereiche festlegt. Sie dient als Leitfaden für Mitarbeiter, um ein einheitliches Handeln im Sinne der Unternehmensziele zu gewährleisten.

3. Verschiedene Arten von Richtlinien

Es gibt verschiedene Arten von Richtlinien, die je nach Unternehmensstruktur und Branche variieren können. Zu den gängigen Arten gehören beispielsweise Verhaltensrichtlinien, IT-Sicherheitsrichtlinien, Qualitätsrichtlinien und Umweltrichtlinien.

4. Pflichtinhalte einer Richtlinie

Eine effektive Richtlinie sollte klare und präzise Formulierungen enthalten. Zu den Pflichtinhalten gehören:

Ziel und Zweck: Warum wurde die Richtlinie erstellt und welchen Zweck verfolgt sie?

Geltungsbereich: Für welche Bereiche oder Mitarbeiter gilt die Richtlinie?

Verantwortlichkeiten: Wer ist für die Umsetzung und Einhaltung der Richtlinie verantwortlich?

Maßnahmen bei Nichteinhaltung: Welche Konsequenzen drohen bei Verstößen gegen die Richtlinie?

Aktualisierungsprozess: Wie und in welchem Zeitrahmen wird die Richtlinie aktualisiert?

5. Wer darf Richtlinien erstellen?

Die Erstellung von Richtlinien sollte in den Händen qualifizierter Fachleute liegen. Dies können Fachexperten, Compliance-Beauftragte oder Mitglieder der Unternehmensführung sein. Eine enge Zusammenarbeit verschiedener Abteilungen ist oft notwendig, um umfassende und praxisnahe Richtlinien zu entwickeln.

6. Publikation von Richtlinien

Die effektive Publikation von Richtlinien ist entscheidend, um sicherzustellen, dass alle Mitarbeiter darauf zugreifen können. Möglichkeiten zur Veröffentlichung sind unter anderem:

Intranet: Veröffentlichung im firmeninternen Netzwerk für einfachen Zugriff.

E-Mail: Versand der Richtlinien mit Erläuterungen und Hinweisen an alle Mitarbeiter.

Schulungen und Workshops: Direkte Kommunikation und Schulungen können das Verständnis und die Akzeptanz der Richtlinien fördern.

Fazit:

Ein gut strukturiertes Richtlinienmanagement ist unerlässlich, um die Einhaltung von Standards und die effiziente Arbeitsweise in einem mittelständischen Unternehmen sicherzustellen. Klare Richtlinien schaffen nicht nur Transparenz, sondern dienen auch als Leitfaden für Mitarbeiter, um ihre Aufgaben im Einklang mit den Unternehmenszielen zu erfüllen.

Der Ablauf bei einem Betrugsverdacht in einer Firma aus der Sicht der Compliance-Abteilung ist von großer Bedeutung, um sicherzustellen, dass der Verdacht gründlich und rechtmäßig untersucht wird. Der Prozess kann in mehreren Schritten gegliedert werden:

1. Verdachtsmeldung

- **Empfang der Meldung:** Der Verdacht kann durch verschiedene Quellen entstehen: interne Whistleblower, interne Kontrollmechanismen, externe Hinweise oder durch Audits. Die Compliance-Abteilung ist in der Regel die erste Instanz, die solche Hinweise erhält.

- **Erste Bewertung:** Die Compliance-Abteilung bewertet den Hinweis zunächst auf Plausibilität und Dringlichkeit. Hierbei werden grundlegende Informationen gesammelt, um festzustellen, ob der Verdacht fundiert ist und wie schwerwiegend er sein könnte.

2. Eskalation und Information

- **Eskalation an das Management:** Wenn der Verdacht als ernsthaft eingestuft wird, informiert die Compliance-Abteilung das zuständige Management. Dies könnte je nach Unternehmensstruktur der Chief Compliance Officer (CCO), der CFO oder die Geschäftsführung sein.

- **Rechtsabteilung:** Die Rechtsabteilung wird frühzeitig eingebunden, um sicherzustellen, dass alle weiteren Schritte rechtlich einwandfrei ablaufen und um mögliche rechtliche Konsequenzen zu bewerten.

- **Externe Berater:** In komplexen Fällen kann es notwendig sein, externe Ermittler oder eine Wirtschaftsprüfungsgesellschaft hinzuzuziehen. Dies erfolgt oft in Absprache mit der Rechtsabteilung.

3. Untersuchung

- **Untersuchungsplan:** Ein detaillierter Untersuchungsplan wird erstellt, der die Schritte, Verantwortlichkeiten und den Zeitrahmen festlegt. Dieser Plan sollte auch Maßnahmen zur Wahrung der Vertraulichkeit beinhalten, um mögliche Beweise nicht zu gefährden und den Ruf des Unternehmens zu schützen.
- **Beweissicherung:** Es werden relevante Dokumente, E-Mails, elektronische Daten und andere Beweise gesichert. Dies kann durch die IT-Abteilung unterstützt werden.
- **Interviews:** Betroffene Mitarbeiter und Zeugen werden in geeigneter Weise befragt. Diese Interviews sollten von Personen durchgeführt werden, die geschult im Umgang mit solchen Situationen sind, um die Integrität der Untersuchung zu gewährleisten.

4. Analyse und Bewertung

- **Analyse der Beweise:** Die gesammelten Beweise werden gründlich analysiert. Es wird geprüft, ob der Verdacht bestätigt wird und ob es Anzeichen für systematische Probleme gibt.
- **Risikobewertung:** Die Compliance-Abteilung bewertet die Risiken, die durch den möglichen Betrug entstehen könnten, sowohl finanziell als auch in Bezug auf den Ruf und die rechtlichen Konsequenzen.

5. Berichterstattung

- **Bericht an das Management:** Ein detaillierter Bericht wird erstellt, der die Untersuchungsergebnisse zusammenfasst, einschließlich der Beweise, der Einschätzung des Risikos und der vorgeschlagenen Maßnahmen.
- **Vorstand und Aufsichtsrat:** In schwerwiegenden Fällen wird der Bericht auch dem Vorstand und ggf. dem Aufsichtsrat vorgelegt.
- **Externe Meldungen:** Sollte es sich um einen schwerwiegenden Betrugsfall handeln, kann es notwendig sein, externe Stellen zu informieren, wie beispielsweise die Finanzaufsicht, die Börse

(bei börsennotierten Unternehmen) oder Strafverfolgungsbehör-
den.

6. Maßnahmen und Korrekturen

- **Disziplinarmaßnahmen:** Je nach Ergebnis der Untersuchung
  können disziplinarische Maßnahmen ergriffen werden, bis hin zur
  Kündigung oder Strafanzeige gegen involvierte Mitarbeiter.
- **Korrekturmaßnahmen:** Die Compliance-Abteilung wird Maßnahmen zur Verhinderung künftiger, ähnlicher Vorfälle gemeinsam mit den Fachabteilungen erstellen und implementieren.

Ein angemessenes Outsourcing Management spielt eine entscheidende Rolle bei der Steuerung von Risiken, die sich aus der Zusammenarbeit mit externen Dienstleistern ergeben, insbesondere wenn diese wichtige oder kritische Tätigkeiten für das Unternehmen ausführen. Die folgenden Schritte beschreiben den Ablauf und die Aufgaben während des gesamten Lebenszyklus der Zusammenarbeit mit einem Dienstleister, von der Auswahl über das Management und Audit bis hin zum Offboarding aus der Compliance Perspektive.

1. Onboarding eines Dienstleisters
- **Risikobewertung:**
  - Vor der Auswahl eines Dienstleisters muss eine gründliche Risikobewertung durchgeführt werden. Aus Compliance Sicht beinhaltet diese Prüfung z.B. die Überprüfung der finanziellen Stabilität, der rechtlichen und regulatorischen Konformität, der Sicherheitsstandards und des Rufs des Dienstleisters.
  - Je nach Kritikalität der Aufgaben, die der Dienstleister übernehmen soll, kann die Compliance-Funktion auch eine Due-Diligence-Prüfung durchführen, um sicherzustellen, dass der Dienstleister keine Verbindungen zu Korruption, Geldwäsche oder anderen illegalen Aktivitäten hat.
- **Vertragsgestaltung:**
  - Der interne Ansprechpartner für den neuen Dienstleister (*Owner*) stellt mit der Rechtsabteilung sicher, dass die Verträge mit dem Dienstleister klare und rechtlich verbindliche Klauseln enthalten, die alle Compliance-Anforderungen des Unternehmens abdecken. Dazu gehören Regelungen zur Vertraulichkeit, zur Einhaltung von Datenschutzbestimmungen (z. B. DSGVO), zu Anti-

Korruptionsrichtlinien, zur Einhaltung von Sanktionslisten und zu Audit-Rechten des Unternehmens.

- ○ Es wird auch sichergestellt, dass im Vertrag eindeutige Konsequenzen für Verstöße gegen Vereinbarungen definiert sind.

- **Schulung und Kommunikation:**
  - ○ Der Dienstleister sollte in die spezifischen Compliance-Anforderungen und Richtlinien des Unternehmens eingeführt werden. Dies kann durch Schulungen, Workshops oder die Bereitstellung von Handbüchern geschehen. Der *Owner* stellt sicher, dass alle relevanten Mitarbeiter des Dienstleisters die Richtlinien verstanden haben und diese umsetzen können. Ziel ist, einheitliche Qualitätsstandards zu erreichen, sodass die Qualität des Dienstleisters mindestens den Qualitätsansprüchen des Unternehmens entspricht.

2. Management der Dienstleisterbeziehung

- **Fortlaufende Überwachung:**
  - ○ Der *Owner* überwacht fortlaufend die Aktivitäten des Dienstleisters, insbesondere in Bezug auf die Einhaltung der vertraglichen Vereinbarungen und Service-Level-Agreements.
  - ○ Dies kann durch regelmäßige Berichte, Status-Updates und Überprüfungen von Leistung und Konformität erfolgen.

- **Risikomanagement:**
  - ○ Neue Risiken oder Veränderungen in den Aktivitäten des Dienstleisters werden regelmäßig identifiziert und bewertet. Bei Bedarf ist Compliance einzubinden, um ggf. die Überwachungsmaßnahmen und Kontrollen anzupassen.
  - ○ Bei festgestellten Abweichungen oder Verstößen wird unverzüglich eine Untersuchung eingeleitet, und es werden entsprechende Korrekturmaßnahmen ergriffen.

- **Kommunikation und Eskalation:**
  - Es wird eine klare Kommunikationsstruktur zwischen dem Unternehmen und dem Dienstleister etabliert, um sicherzustellen, dass alle relevanten Fragen schnell und effektiv adressiert werden können.
  - In Fällen schwerwiegender Verstöße wird die Eskalation an das Management oder an die Compliance eingeleitet.

3. Audit und Überprüfung

- **Regelmäßige Audits:**
  - Die *Owner* plant und führt regelmäßige Audits des Dienstleisters durch, um die Einhaltung der vertraglichen und regulatorischen Anforderungen zu überprüfen.
  - Diese Audits können interne Audits durch das Unternehmen oder externe Audits durch unabhängige Dritte beinhalten.
- **Auditberichte und Maßnahmen:**
  - Nach Abschluss eines Audits wird ein detaillierter Bericht erstellt, der alle Feststellungen und Empfehlungen enthält.
  - Der *Owner* überwacht die Umsetzung der empfohlenen Maßnahmen durch den Dienstleister und stellt sicher, dass alle festgestellten Mängel behoben werden.

4. Offboarding eines Dienstleisters

- **Risikominderung bei Vertragsbeendigung:**
  - Bei der Beendigung der Zusammenarbeit stellt die Compliance-Abteilung sicher, dass alle offenen Compliance-Fragen geklärt sind. Dies umfasst die Rückgabe oder Vernichtung vertraulicher Informationen, die der Dienstleister möglicherweise besitzt, sowie die Sicherstellung, dass alle relevanten rechtlichen und regulatorischen Verpflichtungen erfüllt sind.

- **Abschlussaudit:**
    - Vor dem endgültigen Offboarding wird bei Bedarf ein Abschlussaudit durchgeführt, um sicherzustellen, dass der Dienstleister alle vertraglichen Verpflichtungen erfüllt hat und keine offenen Compliance-Risiken bestehen.
- **Dokumentation und Reporting:**
    - Alle Schritte des Offboarding-Prozesses werden dokumentiert, einschließlich der Ergebnisse des Abschlussaudits und der Maßnahmen zur Risikominderung.
    - Die *Owner* erstellt einen abschließenden Bericht für das Management, in dem der gesamte Prozess der Dienstleisterbeziehung zusammengefasst wird.
- **Lernprozess und Verbesserung:**
    - Die Compliance-Abteilung überwacht das Outsourcing Management ganzheitlich, um Erkenntnisse zu gewinnen, die in zukünftige Dienstleisterbeziehungen einfließen können. Schwachstellen im Prozess werden identifiziert und behoben.

Durch diese strukturierten und umfassenden Schritte stellt die Compliance-Abteilung sicher, dass das Unternehmen bei der Zusammenarbeit mit externen Dienstleistern alle relevanten Risiken managt und die Einhaltung der gesetzlichen und regulatorischen Anforderungen gewährleistet.

Was ist Whistleblowing?

Whistleblowing ist die Meldung von Verstößen oder Missständen, die im öffentlichen oder privaten Sektor auftreten, an die zuständigen Behörden oder Stellen. Whistleblowing kann dazu beitragen, Schäden und Risiken für die öffentliche Gesundheit, Sicherheit, Umwelt, Rechtsstaatlichkeit und Finanzinteressen zu vermeiden oder zu verringern.

Wer kann Whistleblower sein?

Whistleblower können Personen sein, die im Rahmen ihrer beruflichen Tätigkeit Informationen über Verstöße oder Missstände erhalten oder beobachten, wie z.B. Arbeitnehmer, Selbstständige, Auftragnehmer, Lieferanten, Praktikanten, Freiwillige, Aktionäre oder Verwaltungsratsmitglieder.

Was sind die Rechte und Pflichten von Whistleblowern?

Whistleblower haben das Recht, Verstöße oder Missstände zu melden, ohne Repressalien oder Vergeltungsmaßnahmen befürchten zu müssen. Sie haben auch das Recht, über den Ausgang ihrer Meldung informiert zu werden und gegebenenfalls Unterstützung und Schutz zu erhalten. Whistleblower haben die Pflicht, ihre Meldung in gutem Glauben und auf der Grundlage von angemessenen Gründen zu machen, ohne böswillige Absichten oder persönliche Vorteile zu verfolgen.

Wie kann man Whistleblowing melden?

Whistleblowing kann intern oder extern gemeldet werden, je nachdem, wie geeignet und wirksam die jeweilige Meldestelle ist. Die EU Whistleblowing Richtlinie sieht vor, dass alle Unternehmen mit mehr als 50 Mitarbeitern und alle öffentlichen Einrichtungen interne Meldekanäle und -verfahren einrichten müssen, die vertraulich, unabhängig und reaktionsschnell sind. Whistleblower können sich auch an externe Meldestellen wenden, wie z.B. Regulierungs- oder Aufsichtsbehörden, Ombudsstellen, Medien oder Nichtregierungsorganisationen, wenn sie der Meinung sind, dass die interne Meldung nicht angemessen oder wirksam ist oder wenn sie eine unmittelbare oder erhebliche Gefahr für die öffentliche Interessen befürchten.

Wie sieht der Whistleblowing Ablauf aus?

Schutz des Betroffenen

Zero Tolerance

Schutz des Meldenden

| Prüfung auf Plausibilität |
| Stellungnahme des Betroffenen |
| Einbindung Revision, wenn Detailuntersuchung |
| Einbindung DSB, bei Zugriff auf PC - forensische Sicherung |
| Arbeits- und ggf. strafrechtliche Maßnahmen |
| Maßnahmen zur Verhinderung zukünftiger Fälle |

Persönlich

E-Mail

Brief

Der Whistleblower meldet den Verstoß oder Missstand persönlich, per Brief, per Telefon oder einem Whistleblowing Tool an die zuständige Meldestelle. Die Meldewege müssen im Vorfeld definiert und bekanntgemacht werden.

Der Whistleblower wird vor Repressalien oder Vergeltungsmaßnahmen geschützt und erhält gegebenenfalls Unterstützung.

Die Meldestelle prüft die Plausibilität der Meldung und bindet ggf. andere Abteilungen zur Plausibilitätsprüfung ein. Die Identität des Whistleblowers ist hierbei mindestens streng vertraulich und möglichst anonym zu behandeln.

Der Betroffene bzw. Beschuldige wird grundsätzlich vor ungerechtfertigten Anschuldigungen oder Diffamierungen geschützt.

Wenn eine Detailuntersuchung erforderlich ist, wird z.B. die Revision oder auch externe Wirtschaftsprüfer einbezogen, die die notwendigen Beweise sammeln und dokumentieren.

Wenn ein Zugriff auf den PC des Betroffenen erforderlich ist, wird der Datenschutzbeauftragte (DSB) einbezogen, der eine forensische Sicherung durchführt.

Je nach Schwere und Art des Verstoßes oder Missstandes werden arbeits- und ggf. strafrechtliche Maßnahmen gegen den Betroffenen eingeleitet.

Es werden Maßnahmen zur Verhinderung zukünftiger Fälle ergriffen, wie z.B. Schulungen, Kontrollen oder Richtlinienänderungen.

Die zuständige Stelle nimmt Stellung zu dem Verstoß oder Missstand und informiert den Whistleblower über den Ausgang der Prüfung. Getroffene Maßnahmen oder Folgen für den Beschuldigten sind nicht Teil dieser Information.

Der Whistleblowing Ablauf folgt dem Prinzip der Zero Tolerance, d.h. dass jeder Verstoß oder Missstand ernst genommen und angemessen behandelt wird, unabhängig von der Position oder dem Ansehen des Betroffenen.

Compliance Historie

Der Begriff "Compliance" stammt aus dem Englischen und bedeutet so viel wie "Einhaltung" oder "Befolgung". Ursprünglich fand der Begriff vor allem in der Rechtswissenschaft und Wirtschaft Verwendung, um die Einhaltung von Gesetzen, Vorschriften und internen Richtlinien durch Unternehmen und deren Mitarbeiter zu beschreiben. Die Wurzeln der modernen Compliance liegen in den USA, wo sich das Konzept in den 1970er Jahren zu entwickeln begann, insbesondere im Zusammenhang mit dem Watergate-Skandal und der anschließenden verstärkten Regulierung durch den Foreign Corrupt Practices Act (FCPA) von 1977. Diese Gesetze zielten darauf ab, Korruption und unethisches Verhalten in Unternehmen einzudämmen.

Im Laufe der Jahre hat sich die Rolle der Compliance-Abteilung erheblich weiterentwickelt. Anfangs stand vor allem die Vermeidung von rechtlichen Verstößen im Vordergrund. Doch mit der zunehmenden Komplexität der globalen Wirtschaft und der Verschärfung von gesetzlichen Vorgaben in verschiedenen Ländern hat sich die Aufgabe der Compliance-Abteilungen erweitert. Heute umfassen sie nicht nur die Überwachung der Einhaltung von Gesetzen, sondern auch die Implementierung von ethischen Standards, die Schulung von Mitarbeitern und die Prävention von Risiken, die das Unternehmen betreffen könnten.

Die Notwendigkeit, eine eigene Compliance-Abteilung zu etablieren, wird für immer mehr Unternehmen unerlässlich. Gründe hierfür sind unter anderem die zunehmende Regulierungsdichte, der steigende gesellschaftliche Druck auf Unternehmen, verantwortungsvoll zu handeln, sowie die wachsende Bedeutung von Unternehmensreputation. Zudem hat die Digitalisierung zu neuen Herausforderungen geführt, wie etwa dem Schutz von Daten und der Sicherstellung der Integrität von Geschäftsprozessen. All diese Faktoren machen deutlich, warum Compliance heute eine zentrale Rolle in der Unternehmensführung spielt.

Ein paar grundsätzliche Überlegungen zu Mitarbeiterumfragen: Mitarbeiterumfragen sind ein wertvolles Instrument, um die Stimmung und Meinungen der Mitarbeiter zu erfassen, ihre Zufriedenheit zu messen und Verbesserungspotenziale im Unternehmen zu identifizieren. Um aussagekräftige und valide Ergebnisse zu erzielen, sollten folgende grundlegende Regeln und Überlegungen beachtet werden:

Grundsätzliche Regeln für Mitarbeiterumfragen:

1. **Zielklarheit**:
   Definieren Sie klare Ziele für die Umfrage. Überlegen Sie genau, welche Informationen Sie erhalten möchten und wie diese für das Unternehmen nützlich sein können.

2. **Anonymität gewährleisten**:
   Um ehrliche und unverfälschte Antworten zu erhalten, empfehle ich die Anonymität der Teilnehmer sicherzustellen. Dies fördert das Vertrauen der Mitarbeiter und steigert die Teilnahmebereitschaft.

3. **Transparenz und Kommunikation**:
   Informieren Sie die Mitarbeiter im Voraus über den Zweck der Umfrage, den Prozess und wie die Ergebnisse genutzt werden. Nach der Auswertung sollten die wichtigsten Erkenntnisse und geplante Maßnahmen mitgeteilt werden.

4. **Freiwilligkeit**:
   Die Teilnahme an der Umfrage sollte freiwillig sein, um verzerrte Ergebnisse durch Zwang zu vermeiden.

5. **Regelmäßigkeit**:
   Mitarbeiterumfragen sollten regelmäßig durchgeführt werden, um Trends zu erkennen und kontinuierliche Verbesserungen zu ermöglichen.

6. **Handlungsbereitschaft**:
   Es ist wichtig, dass das Unternehmen bereit ist, auf die Ergebnisse zu reagieren und konkrete Maßnahmen abzuleiten. Andernfalls verlieren Mitarbeiter das Vertrauen in die Umfragen.

Fragestellung und Werteskalen:

1. **Klarheit und Verständlichkeit**:
   Die Fragen sollten einfach und präzise formuliert sein, damit sie für alle Mitarbeiter leicht verständlich sind. Vermeiden Sie Fachjargon und komplexe Formulierungen.

2. **Neutralität der Fragen**:
   Die Fragen sollten neutral formuliert sein, um die Antworten nicht zu beeinflussen. Vermeiden Sie suggestive Fragen, die die Antwort in eine bestimmte Richtung lenken könnten.

3. **Eindeutigkeit**:
   Jede Frage sollte sich nur auf einen Aspekt konzentrieren. Doppelfragen (z.B. „Wie zufrieden sind Sie mit Ihrem Gehalt und den Arbeitszeiten?") sollten vermieden werden, da sie zu Verwirrung führen können.

4. **Ausgewogene Werteskalen**:
   Bei der Verwendung von Skalen (z.B. von 1 bis 5) sollten diese ausgewogen sein, sodass es gleich viele positive wie negative Antwortmöglichkeiten gibt. Eine ungerade Anzahl von Antwortmöglichkeiten ermöglicht eine neutrale Option.

5. **Vermeidung von Antwortzwang**:
   In manchen Fällen kann es sinnvoll sein, eine „weiß nicht" oder „keine Meinung" Option anzubieten, um uninformierte oder neutrale Antworten zu erfassen und nicht zu erzwingen.

6. **Reihenfolge der Fragen**:
   Beginnen Sie mit allgemeineren Fragen und arbeiten Sie sich zu spezifischen Themen vor. Dies schafft eine bessere Orientierung und erleichtert den Einstieg in die Umfrage.

7. **Pilotierung**:
   Testen Sie die Umfrage vor der eigentlichen Durchführung mit einer kleinen Gruppe von Mitarbeitern, um Unklarheiten oder Missverständnisse in der Fragestellung zu identifizieren und zu beseitigen.

Ergänzende Überlegungen:

- **Offene Fragen**:
  Ergänzen Sie geschlossene Fragen durch offene, um den Mitarbeitern Raum für eigene Gedanken und Anregungen zu geben. Dies fördert qualitative Rückmeldungen.

- **Psychologische Sicherheit**:
  Stellen Sie sicher, dass die Mitarbeiter wissen, dass ihre Meinungen und Rückmeldungen geschätzt und respektiert werden, und dass es keine negativen Konsequenzen für ehrliche Antworten gibt.

Die Rolle eines Geschäftsführers ist von großer Verantwortung geprägt. Er trägt die Aufgabe, ein Unternehmen erfolgreich zu steuern, dabei wirtschaftliche Interessen zu wahren und zugleich auf die langfristige Stabilität des Unternehmens zu achten. Ein zentrales Element dieser Verantwortung sind die sogenannten Sorgfaltspflichten.

Was bedeutet Sorgfaltspflicht?

Unter Sorgfaltspflicht versteht man die Pflicht eines Geschäftsführers, seine Aufgaben mit der gebotenen Aufmerksamkeit, Umsicht und Fachkenntnis auszuführen. Es geht darum, Entscheidungen nicht leichtfertig zu treffen, Risiken abzuwägen und stets im besten Interesse des Unternehmens zu handeln.

Grundprinzipien der Sorgfaltspflicht

1. **Pflicht zur sorgfältigen Entscheidungsfindung**

   Ein Geschäftsführer muss vor wichtigen Entscheidungen alle relevanten Informationen einholen und prüfen. Das bedeutet, nicht nur auf den ersten Eindruck zu vertrauen, sondern Zahlen, Fakten und mögliche Konsequenzen gründlich zu analysieren.

Beispiel:

Vor dem Abschluss eines neuen Liefervertrags prüft der Geschäftsführer nicht nur die Konditionen, sondern auch die Zuverlässigkeit des Lieferanten und mögliche Alternativen, um keine bösen Überraschungen zu erleben.

2. **Kontinuierliche Überwachung**

   Sorgfalt bedeutet auch, die Entwicklung des Unternehmens laufend zu beobachten. Dazu gehört, die Finanzen, das operative Geschäft und Marktveränderungen im Blick zu behalten und bei Bedarf schnell zu reagieren.

Beispiel:

Ein Geschäftsführer bemerkt, dass die Umsätze in einem wichtigen

Geschäftsbereich plötzlich stark zurückgehen. Statt abzuwarten, lässt er umgehend eine Analyse erstellen und ergreift Maßnahmen zur Gegensteuerung.

3. **Vermeidung von Interessenkonflikten**

   Ein Geschäftsführer darf seine eigenen Interessen nicht über die des Unternehmens stellen. Persönliche Vorteile oder Vorteile für Dritte müssen zurückstehen.

Beispiel:

Ein Geschäftsführer besitzt Anteile an einem Lieferantenunternehmen. Er sorgt dafür, dass alle Verträge zu marktüblichen Bedingungen geprüft werden, um Vorwürfe der Vorteilsnahme zu vermeiden.

4. **Verantwortung für Mitarbeiter und Ressourcen**

   Der Geschäftsführer trägt die Verantwortung dafür, dass das Unternehmen seine Ressourcen – sei es Personal, Kapital oder Betriebsmittel – sinnvoll und effizient einsetzt.

Beispiel:

Er entscheidet, dass Investitionen in neue Maschinen nur getätigt werden, wenn eine klare Kosten-Nutzen-Rechnung vorliegt, um Verschwendung zu verhindern.

Praktische Bedeutung der Sorgfaltspflichten im Alltag

Die Sorgfaltspflicht ist kein abstrakter Begriff, sondern begleitet den Geschäftsführer in nahezu jedem Arbeitsschritt. Sie erfordert eine vorausschauende und verantwortungsbewusste Haltung. Kommt ein Geschäftsführer dieser Pflicht nicht nach, kann das erhebliche Folgen haben – für das Unternehmen, aber auch für ihn persönlich.

Fazit

Die Sorgfaltspflichten eines Geschäftsführers sind ein Eckpfeiler verantwortungsvoller Unternehmensführung. Sie erfordern eine aktive, informierte und sorgfältige Herangehensweise an alle Aufgaben. Wer diese Pflichten ernst nimmt, stärkt die Position seines Unternehmens und schützt sich selbst vor Haftungsrisiken. In der Praxis bedeutet das: aufmerksam bleiben, stets umfassend informieren und Entscheidungen gut begründen.

Danke

Mein Dank gilt allen, die mir die Chance gegeben haben Dinge auszuprobieren. Die Ihre Gedanken und Erfahrungen mit mir geteilt und diskutiert haben. Allen die auch anderer Meinung waren oder andere Wege für zielführender empfanden.

Danke Linda, für die Freiheit und das Vertrauen, auch sichere Arbeitgeber für neue Herausforderungen an neuen Standorten zu wechseln.

Ein besonderer Dank an Christian Winter, der mir die Türen zur Compliance Welt geöffnet hat und mit dem ich viel zu den verschiedensten Compliance Themen philosophieren konnte.

Dank an Benjamin Fiedler, der auf juristischer Seite immer mein Experte und guter Sparringspartner ist.

Und großen Dank auch an Pia Frank für das ehrliche und hilfreiche Feedback zu allen Themen in diesem Buch.

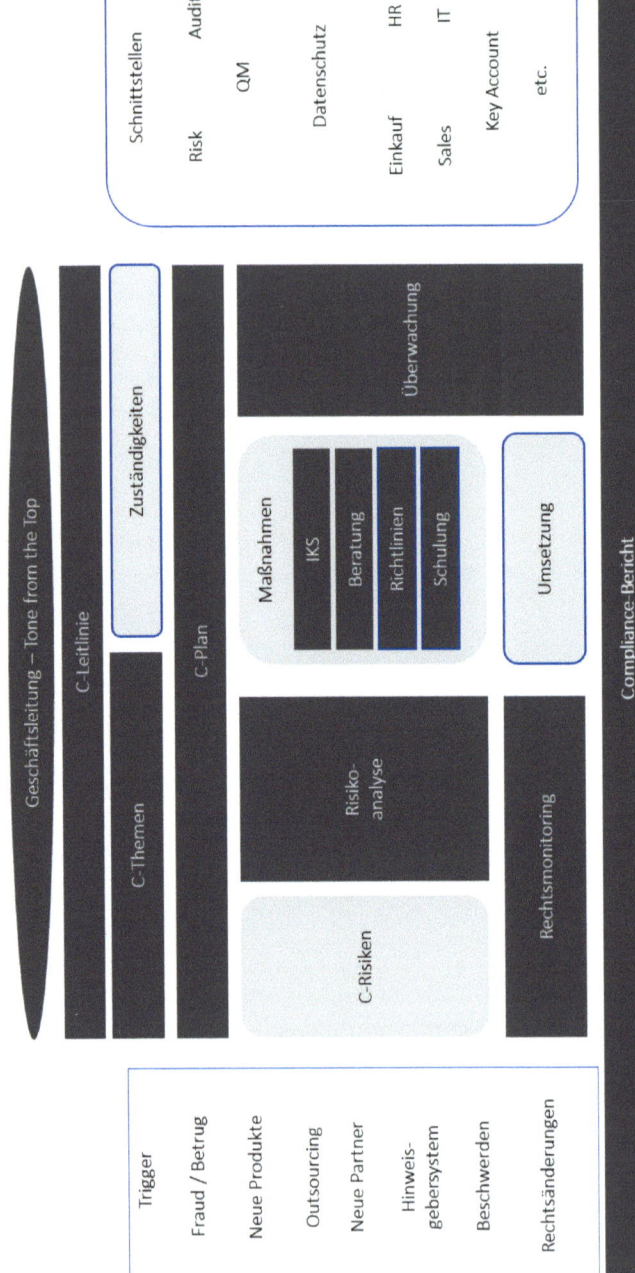